# CHAPITRE PREMIER.

I.

Paris à vol de Guillotine — *Suite.*

Après dix minutes de bousculades, employées à l'évacuation de la salle, le duc de Noyal-Treffléan et François Soleil se trouvèrent libres.

Le duc s'assit et croisa ses jambes.

Il contempla son intendant qui égouttait tranquillement son verre et qui attendait.

— Je ne m'amuse pas, lui dit-il enfin.

— Bah! répondit Soleil avec un air d'étonnement légèrement coupé d'ironie.

— Je ne m'amuse pas! répéta le duc.

— C'est singulier. Quoi! de me voir ici, à votre place, dans votre fauteuil, buyant votre vin et dépensant votre or, cela ne vous amuse pas?

— Non.

— Cela ne vous amuse pas de me voir moi en haut, et de vous voir vous en bas?

— Non.

— Vous êtes bien difficile!

— Je veux autre chose. Tu m'as promis de l'agrément, et je n'ai pas d'agrément.

— Ma foi, je suis au bout de mon rouleau.

Le duc le regarda fixement et sévèrement.

— Tu te calomnies, dit-il.

— Non, répondit Soleil.

— Cette fois pourtant ce n'est pas l'argent qui te manque; tu en as tout à ton aise, il me semble.

— Croyez-vous? Je n'ai pas compté, répliqua l'intendant avec sang-froid.

Une telle impudence laissa le duc muet.

Après s'être donné à boire et avoir passé sa langue sur ses lèvres.

— Voyez-vous, continua François Soleil, vous n'êtes pas aujourd'hui dans votre assiette ordinaire. Je vous assure que vous vous amusez beaucoup.

— Coquin, prends garde !

— Appelez-moi citoyen, s'il vous plaît.

— Je châtierai tes airs impertinents.

— Oh! oh! s'écria Soleil avec un rire grossier; vous vous croyez encore chez vous, à ce qu'il paraît. Ce que c'est que l'habitude! Enfin, je vous excuse. Mais où en étais-je?

Le duc tordait un gobelet d'argent dans ses mains.

— Ah! je vous disais que vous vous amusiez beaucoup. C'est cela. Seulement vous vous amusez trop vite. Vous n'êtes pas assez ménager. J'en suis désolé pour vous. Avec la pauvreté que je vous avais faite, avec l'extrême dénûment où je vous avais plongé, vous aviez au moins pour trois mois de plaisir. Vous avez épuisé cela en six semaines. Que voulez-vous que je vous dise? Vous n'êtes pas raisonnable du tout. Laissez donc mon argenterie, et ne la tortillez pas si fort, vous allez me la gâter.

Le duc était stupéfait.

— Maintenant qu'attendez-vous de moi? Que je vous divertisse. Repassez un autre jour, le mois prochain. Jusque-là, eh bien! ennuyez-vous, cela vous paraîtra peut-être nouveau.

Soleil amena à lui une aile de volaille.

— En désirez-vous ? demanda-t-il au duc ; bah ! ne faites pas de façons, si le cœur vous en dit.

M. de Noyal-Treffléan détourna la tête.

— Et après un moment de silence :

— Ainsi, je ne dois plus compter sur vous ? ainsi vous m'abandonnez, et les bontés que j'eus pour vous sont aujourd'hui complétement bannies de votre mémoire ?

François Soleil se leva sur son fauteuil.

Son regard vague acquit en ce moment une étincelante fixité.

— Qu'est-ce que vous avez dit? Que venez-vous de dire? Répétez donc un peu...

— J'ai parlé de mes bienfaits.

Soleil eut un tel rire de rage que le duc de Noyal-Treffléan en fut effrayé.

— Ses bienfaits! s'écria Soleil avec un accent de raillerie avoisinant la démence; il parle de ses bienfaits! Oh! pendant vingt ans il m'a avili, il m'a tué l'âme, il a fait de moi un démon à son image ; pendant vingt ans il m'a fermé tout bonheur et toute espérance, et il me parle de ses bienfaits ! Oh ! oh ! oh !

Il frappait sur la table.

— Ses bienfaits ! à lui ! à moi ! ses bontés ! Ah ! voyez-vous la belle vie qu'il m'a faite à côté de la sienne ! Comme je suis heureux ! comme je ne désire plus rien ! comme j'ai l'air satisfait ! Au fait, qu'est-ce que j'aurais été sans lui ? un imbécile d'honnête homme ; c'était bien la peine ! Tout le monde m'aurait aimé et estimé ; la belle avance ! Tandis que, grâce à ses bienfaits, je vis seul et exécré, seul et maudit ! Ses bienfaits ! Son or ! Mais je ne sais qui me retient de te le jeter à ta figure, ton or d'enfer !

Les mains crispées de Soleil s'accrochaient aux flambeaux, aux couteaux, aux cristaux, à tout. Il délirait.

Le duc de Noÿal-Trefflèan était debout aussi.

— Je t'ai sauvé de la misère ! lui cria-t-il.

— Pour me vendre à la honte !

— Je t'ai fait riche!

— Oui, riche! voilà ton mot! tu m'as fait riche et tu m'as fait criminel et bas, tu m'as fait riche!

— Soleil!

— Je me venge. Laissez-moi dire.

— Niais, c'est de ta faiblesse et de ta débauche que tu te venges!

— Mais vous ne savez donc pas tous les maux que vous m'avez fait souffrir?

— Pourquoi le saurais-je ?

— Vous ne savez donc pas toute la haine que vous avez tirée de mon cœur ?

— Non.

— Vous ne savez donc pas que vous avez tué ma femme ?

Soleil, le corps à demi-couché sur la table, les yeux dardés, lui avait jeté ce mot arraché à ses entrailles...

— J'ai tué ta femme ? moi ! répéta le duc de Noyal-Treffléan.

— Oui, ma femme! ma Christine! ma femme!

— Allons donc! tu deviens fou!

— Ah! vous n'en saviez rien! vous ne vous en doutiez pas seulement! vous ignoriez ce que chacun de vos plaisirs infâmes tuait de bonheur caché et de croyances pures! ce que vos vices, sur leur route, écrasaient de vertus.

— Ta femme! tu étais marié! dit le duc, ne revenant pas de son étonnement.

Quelque chose comme une larme parut au bord des paupières de François Soleil.

— Oui, répondit-il, j'étais marié, marié comme le sont les braves gens; et je croyais pouvoir partager ma vie en deux parts, de façon à en donner une à vous, et l'autre à elle : la moitié à Dieu, et l'autre moitié au diable; je me figurais cela.

Il pleurait vraiment.

— Je comptais sans vous. Le ciel m'a frappé dans ce que j'avais de plus cher. Votre ombre a passé sur mon bonheur, et mon bonheur s'est évanoui. Dès que votre nom a retenti dans ma maison conjugale, il n'y a eu place que pour les larmes et que pour la mort. Vous avez tué ma femme. O Christine! toi seule pouvais m'arracher à cette vie infernale! tu es morte, Christine! morte, épouvantée par moi! morte en repoussant mon dernier baiser, en te couvrant la figure de tes mains pour ne pas me voir, morte sans oser me pardonner!

Il s'arrêta suffoqué.

Les cris lointains des terroristes montaient de la cave, où leur orgie se continuait, jusqu'à la salle à manger, où sanglotait leur hôte.

Le duc de Noyal-Treffléan le regardait sangloter.

Accusé, flétri, haï par son complice, c'était le dernier coup!

Et cependant il demeurait impassible.

Il se roidissait contre une émotion qui n'eût été pour lui qu'un symptôme de décadence morale.

Confusément on entendait sortir de la cave :

Ah ! ça ira ! ça ira ! ça ira !
Par la liberté tout s'établira !

— Vous voyez donc bien, reprit François Soleil, qu'il faut que je m'amuse après vous avoir tant amusé. Chacun son tour, c'est dans l'ordre. Moi je ne vous ai tué personne, au moins ; tout au contraire, j'ai sauvé la mère de votre fille. Et il n'y avait que moi en France qui pût faire ce miracle. Laissez-moi donc tranquille, à présent ; je me suis usé à ce métier, depuis le temps. Aujourd'hui, je vous demande grâce.

—Eh bien! encore un plaisir, Soleil, un seul.

—Non, je n'en peux plus, mon cerveau est vide, je suis devenu une brute.

—Toi! un homme qui a fait la révolution!

—J'ai parcouru pour vous tous les cercles des sensations humaines. J'en suis revenu. Je ne pourrais donc que recommencer. Laissez-moi en repos.

—Encore un plaisir, et ce sera le dernier.

—Non. C'est assez. Voilà que vous devenez vieux; moi-même je ne suis plus jeune. Restons-en là, croyez-moi, il est temps.

—Un seul!...

Soleil avança sur lui et le regarda en croisant les bras.

—Oh! mais qu'avez-vous donc dans les veines! s'écria-t-il.

Le duc se mit à rire.

—Comment! continua Soleil, autour

de vous tout s'écroule, tout meurt, et au milieu de cette désolation générale, qui atteint même les vôtres, vous n'avez à la bouche que votre mot éternel : « Encore un plaisir ! encore une émotion ! »

— Eh ! réfléchis donc : je suis logique, au moins, et toi tu ne l'es pas. Je vais jusqu'au bout, tandis que tu t'arrêtes à mi-chemin, mauvais serviteur !

— Pourquoi ne serait-ce pas vous qui m'amuseriez à votre tour ? Je vous donnerais pour cela les gages que vous me donniez autrefois.

—Oh! oh!

—Vous jugeriez par là de l'agrément que j'ai eu à votre service.

—Tu déraisonnes, Soleil.

—Dame! voilà tout ce que j'ai à vous proposer, je vous assure.

—Allons! fais un effort.

François Soleil haussa les épaules et marcha vivement dans la chambre.

—Quel homme! s'écria-t-il; oh! quel homme!

Une idée lui vint tout à coup.

— Eh bien! dit-il en montrant un visage teint des plus sataniques lueurs, eh bien! oui! je vous donnerai un dernier plaisir!

— Ah!

— Oui, je vous procurerai une dernière sensation!

— Bravo!

— Et vous en serez satisfait, je vous le jure, dit-il, les dents grinçantes.

— Tu te réveilles enfin !

— Mais après cela, ne me demandez plus rien, entendez-vous ?

— Rien ! prononça le duc de Noyal-Treffléan.

— Ce sera mon chef-d'œuvre, et ce seront les colonnes d'Hercule de votre existence ! Cela fait, j'abdique...

— Oui, ajouta le duc en riant, et tu iras faire souche d'honnêtes gens, comme le valet de Turcaret.

—Ah! cela est impossible! dit Soleil avec un soupir; je mourrai dans l'abîme où vous m'avez plongé...

—A quand ton chef-d'œuvre?

—Un mot de moi vous préviendra.

—Il suffit, dit le duc de Noyal-Trefféan, en se dirigeant vers la porte.

François Soleil, abîmé dans sa tristesse, ne quitta pas sa place.

Au milieu de l'appartement, le duc s'arrêta et se frappa le front.

Il revint.

— Soleil! dit-il avec un peu d'embarras.

— Quoi encore?

— Prête-moi un louis.

— Non.

— Il ne me reste rien, absolument rien.

— Tant pis pour vous.

— Rien qu'un louis, répéta le duc.

— Ah! vous êtes fatigant! s'écria Soleil en fouillant dans sa poche; tenez, voilà un écu de six livres, et laissez-moi!

Le duc prit l'écu en contraignant les mouvements de son courroux.

— Soleil, n'oublie pas ta promesse, dit-il, sortant de l'appartement; songe à mon dernier plaisir!...

Trois jours après ce dialogue, l'ex-grand seigneur recevait un billet ainsi conçu :

« Trouvez-vous demain matin, à onze heures, rue de la Mortellerie, devant la maison n° 7, et suivez l'homme qui viendra vous y chercher. »

Nous allons voir quel fut le dernier plaisir procuré au duc de Noyal-Trefflean par François Soleil.

# CHAPITRE DEUXIÈME.

## II.

Paris à vol de guillotine. — *Suite.*

Rue de la Mortellerie, sur le seuil du n° 7 (chiffre funèbre par sa configuration de potence), le duc de Noyal-Treffléan attendait avec une patience et un calme qui prouvaient jusqu'à quel point son fougueux caractère d'autrefois s'était modifié sous la pression d'une ruine complète.

Il ressemblait à un bourgeois bénévole qui, ayant perdu sa clef, regarde au loin si le serrurier requis arrive à son secours.

Comme il faisait quelques pas vers le ruisseau, un chariot énorme surchargé de poutres faillit le broyer contre la muraille. Il fut presque tenté de croire que la surprise préparée par François Soleil consistait en ce danger d'une invention puérile.

— Ce Soleil est devenu inepte depuis qu'il est riche, pensa-t-il.

Il regarda avec soin au-dessus de son chef, pour s'assurer que nul pot de fleurs ne menaçait son existence.

Enfin ce prologue cessa.

Un homme, sorti de la maison n. 7, frappa brusquement sur l'épaule du duc.

— Es-tu celui que j'attends? demanda cet homme.

— Je m'en doute, dit l'autre.

— Alors suis-moi.

M. de Noyal-Treffléan lui répondit par un geste gracieux qui signifiait :

« Vous n'avez qu'à marcher devant. »

L'homme marcha, le duc le suivit.

Ce nouveau compagnon était gros, taillé du buste ; ses mains, larges et velues comme des ventres d'araignées, restaient crochues au bout de ses bras pendants. Plantée sur un cou de veau, sa figure semblait béatement se confier à la garde de deux orgueilleux favoris. A en juger par la mine, ce devait être un drôle propre à tous les métiers, pourvu qu'ils ne fussent pas trop honnêtes.

Il s'arrêta dans une maison de la rue des Arcis, maison avenante, que le comité de salut public avait dû purger certainement de plusieurs de ses locataires, rentiers tremblottants, convaincus d'appartenir à l'*aristocratie mercantile*.

C'est au quatrième étage que tu vas faire ta prise d'habit, prononça le guide.

— Ma prise d'habit?

— Ne sais-tu pas ce que cela veut dire?

— Je dois le savoir, va, monte, je te suivrai toujours.

Les frêles menuiseries de l'escalier gémirent sous leurs pas.

— Où peut donc ainsi m'envoyer Soleil? réfléchissait le duc de Noyal-Treffléan; une prise d'habit? Est-ce que l'on voudrait faire de moi un prêtre, un conjuré ou un franc-maçon.

Il soufflait.

— Ces étages sont doubles, murmura-t-il.

— Nous voici arrivés.

Ce fut dans une chambre modeste, mais légèrement menacée par les envahissements d'une coquetterie ambitieuse, que fut introduit le duc. On se serait cru chez une heureuse modiste de province, à voir ce charmant combat du luxe et de la simplicité. Des chaises en bois blanc, une commode à coins du cuivre poli, des gravures coloriées réprésentant les badinages de Flore et de Zéphyre, de Cupidon et de Psyché, une glace très-claire, voilà ce qu'était cette chambre.

Sur un tabouret, il y avait un paquet ployé dans un mouchoir de coton.

— C'est ton affaire, dit l'homme.

— Ah!

— Dépêche-toi, car tu sais que c'est pour midi.

— Me dépêcher... à quoi faire?

— A revêtir ton costume. Qu'attends-tu encore, puisque je te répète que le voilà!

— Mon costume?

Décidé à entrer, les yeux fermés, dans les combinaisons de Soleil, le duc de Noyal-Treffléan s'empara du paquet que lui montrait son abrupte compagnon. Il l'ouvrit et commença à revêtir les habits qu'il contenait : d'abord un grand gilet à ramages bruyants et de médiocre goût, ensuite un pantalon à raies bleues puis une lourde carmagnole.

Cette carmagnole, il la retourna et la retourna avant de l'endosser.

De petites taches rougeâtres, répandues sur les manches, avaient attiré ses regards.

— C'est sans doute un costume de boucher que l'on me donne, supposa-t-il, après avoir reconnu que ces points ternes étaient des gouttes de sang.

— Tu n'as pas fini, grommela l'homme.

Le duc endossa la carmagnole.

— Voilà qui est fait, dit-il.

— Tu oublies la coiffure.

— Où donc est-elle, la coiffure ?

— Au fond.

L'homme ayant secoué le mouchoir de coton, un gros bonnet rouge sauta comme un crapaud sur les mains du duc.

— Tiens ! dit celui-ci, il a une bien belle cocarde !

— Tu peux être fier, car ce sont les

propres habits du maître que l'on te confie.

— Propres... murmura M. de Noyal-Treffléan ; mais de quel maître parles-tu ?

— De Sanson, parbleu !

— Le bourreau ! ce sont les habits du bourreau !

— Ah çà ! te moques-tu de moi avec ton air d'ignorance ?

Le duc alla vivement se placer devant

le miroir. L'ensemble de sa toilette parut le frapper.

— Le bourreau ! balbutia-t-il.

— Tu lui ressemble presque, dit l'homme en riant; à vingt pas on y serait trompé.

— Où suis-je donc ici ?

— Nous sommes chez lui, chez Sanson !

— Chez Sanson !

— Mais... où donc croyais-tu être, citoyen ?

M. de Noyal-Treffléan ne répondit pas.

— Chez Sanson !

Lorsqu'il eut minutieusement examiné la chambre, les chaises blanches, les gravures coloriées, le plafond enjolivé, le parquet ciré, il se retourna vers son compagnon et il lui dit :

— J'aurais été enchanté de causer avec lui. Est-ce que je ne puis le voir?

—Tu sais bien qu'il n'est pas à Paris aujourd'hui.

—Et où est-il ?

—A Montreuil-sous-Bois.

—Quelque festin de chauds patriotes aura réclamé son auguste présence.

—Tu calomnie l'austérité de ses mœurs par tes suppositions.

—Alors dis-moi ce qu'il a été faire à Montreuil.

— Il y est allé souhaiter la fête à sa mère.

— Vraiment?

— Mais tu es curieux comme un agent de la réaction, citoyen. Voici l'heure qui approche; descendons de suite si nous voulons être rendus à midi.

— Descendons, dit le duc.

Néanmoins, au moment où, affublé du terrible costume, il sortit de la jolie demeure de Sanson, il éprouva ce trouble qu'il craignait tant d'avoir à jamais perdu. Où le conduisait-on et quelle nouvelle surprise lui était réservée? Cette question commençait à remuer sa cervelle.

Son compagnon hâta le pas en se dirigeant vers les Champs-Elysées.

Le ciel était tendu de guipures blanches qui tamisaient les rayons du soleil. Un vent capricieux et turbulent soulevait les parasols des promeneuses. Il y avait foule, comme toujours, sur la place de la Révolution. Les abonnés attendaient en mangeant des cerises; de temps en temps, le craquement d'un noyau cassé dominait les bavardages des couples amoureux ou des impatients.

Les marchandes d'eau-de-vie parcouraient les masses, distribuant leur pernicieuse boisson et étouffant sous leurs criailleries la voix des petites filles qui offraient des cocardes et des bouquets à ce monde étrange. Un peu à l'écart, couché sur le pavé, comme un ivrogne en cuverie, un pauvre diable écrivait au crayon sur du papier à chandelles. C'était quelque auteur à la mode.

Un mouvement s'opéra parmi la foule. Toutes les têtes se retournèrent pour saluer celui qu'on croyait être Sanson. Mais les claqueurs ordinaires reconnurent bientôt que c'était une doublure et non au chef d'emploi qu'ils avaient affaire. Les gens de province ou les curieux venus pour la première fois furent les seuls qui s'y laissèrent prendre, l'habit étant l'homme pour eux.

— C'est Sanson, disaient-ils en se rangeant à l'approche de M. le duc de Noyal-Treffléan.

— Dieu! qu'il a l'air farouche! s'écriait un Gascon.

— Il devient vieux, le cher homme ! soupirait une femme d'Orléans.

— Grand prêtre de la liberté, ton nom sera inscrit au Temple de Mémoire ! prononçait avec emphase un exalté de Besançon.

Le duc marchait la tête haute, ne répondant à aucune de ces flagorneries. Du reste, l'émotion commençait à ébranler ce cœur de fer.

Son compagnon, arrivé devant le cercle formé par les gendarmes autour de la machine à supplice, fit un signe, et peu s'en fallut qu'on ne lui présentât les armes à lui et au duc.

Ils pénétrèrent dans l'enceinte réservée.

— Maintenant, dit l'homme en montrant une chaise sur l'échafaud, tu n'as qu'à t'asseoir et à attendre qu'on nous envoie de l'ouvrage.

M. de Noyal-Treffléan eut un tressaillement involontaire.

— De l'ouvrage? répéta-t-il.

— Ne crains rien, tu en auras... A moins que ces gredins d'aristocrates ne nous aient joué le tour de se faire acquitter.

— Allons, murmura le duc, Soleil a moins vieilli que je ne pensais; ce quart d'heure est assez vif.

D'un pas ferme, il gravit l'escalier rouge.

Il alla s'asseoir sur la chaise indiquée.

Que faire en pareil cas, à moins que l'on ne songe?

Ses yeux transportèrent son imagination aux Tuileries, dans ce jardin vert et beau que l'on avait respecté, par une fantaisie inconnue. Il alla plus loin, il entra dans le palais même; il crut voir les salons, les Noyal, les Bretons sévères, qui lui disaient :

« Que fais-tu là-dessus ? Est-il vrai que tu sois des nôtres ? Se peut-il que tu aies été procréé par un honnête homme et par une sainte ? Viens-tu ici pour renverser l'échafaud ou pour lui apporter ta tête ? entre ces deux alternatives, il n'est pas de probe milieu. »

Cette vision troubla M. de Noyal-Treffléan, il se leva et secoua son front comme pour en chasser ce fantastique tableau. Il cherchait un sujet de distraction, son pied heurta un petit livre relié en veau gaufré, doré sur tranche; il le ramassa et vit que c'étaient les poésies de madame Deshoulières.

— Ah! à la bonne heure, dit-il en se rasseyant pour mieux parcourir son volume.

Charmant petit livre, tu avais bercé les douces rêveries de quelque blond chevalier! Peut-être t'avait-il embelli de la sorte afin de te glisser, porteur d'un billet amoureux, sur la fenêtre de sa fiancée ; peut-être étais-tu accoutumé à être lu par deux lecteurs à la fois comme cela arriva au roman de Lancelot ! Peut-être te croyais-tu un gage de bonheur ! Et de la poche d'un condamné à mort, voilà que tu es tombé sur ces planches immondes, et de là aux mains de M. le duc de Noyal-Treffléan !

Pendant quelques minutes, il lut, comme on lit pour soi, avec cet égoïsme d'animal au râtelier ; mais la populace, impatientée de voir que le bourreau, au lieu de travailler, affichait une nonchalance de clerc, se prit à huer et à siffler.

Le duc ne s'aperçut pas d'abord que ces témoignages de désapprobation s'adressaient à lui.

Dès que les cris redoublèrent et qu'il vit les regards braqués sur lui, d'un geste il réclama le silence.

Quoiqu'on en dise, le peuple n'est pas si mal élevé qu'il refuse d'écouter un orateur qui a pour tribune l'échafaud.

Le duc leur dit :

— Me serait-il permis, puisque vous ne faites absolument rien, ni moi non plus, de vous communiquer une des merveilles de la poésie du grand siècle?

Et à haute voix il lut :

> Dans ces prés fleuris
> Qu'arrose la Seine,
> Cherchez qui vous mène,
> Mes chères brebis.

Les sans-culottes n'avaient guère entendu son préambule. La lecture de ces quatrains si doux et si laineux leur expliqua quel genre de divertissement on leur proposait.

Lefranc de Pompignan a placé dans certaines bouches noires du désert des clameurs très-sauvages sans doute, mais en mettant de côté la partialité dictée par l'esprit de couleur, je déclare ici que les vociférations de la horte jacobine furent au-dessus de toute comparaison.

Le duc, étonné de leur profonde horreur pour la poésie, persista vainement :

> J'ai fait pour vous rendre
> Le destin plus doux,
> Ce qu'on peut attendre
> D'une amitié tendre ;
> Mais le sort jaloux
> Détruit, empoisonne
> Tous mes soins pour vous.

Alors il reprit son siége, et continua de lire pour lui seul, ce qui ne tarda pas à l'assoupir.

Turenne avait sommeillé sur un canon, il était juste que M. de Noyal-Treffléan fît la même chose sur l'échafaud.

Sans les rumeurs de la foule, il eût longuement savouré la coupe de Morphée.

Mais ils se livraient à un vacarme, ces sans-culottes !

Alors le duc, qui n'aimait pas à être

troublé dans ses instants de repos, fronça le sourcil, et il allait sans doute injurier cette multitude surnommée alors la *huaille*, lorsque son compagnon monta précipitamment vers lui.

— Voilà la charrette ! dit ce dernier.

— Que m'importe !

— Eh bien, cela t'importe, puisque c'est toi qui...

Un geste précis dévoila au duc l'office horrible qu'il était appelé à remplir.

— Moi ! s'écria-t-il.

— Sans doute, puisque tu as bien voulu remplacer Sanson pour un jour.

— Remplacer Sanson !

— Çà, dit un des aides, est-ce qu'il y a longtemps que tu n'as exercé ?

— Oui, il y a longtemps.

Une petite sueur perlait sur le front de ce formidable personnage. La nature reprenait son empire sur lui. Il était devenu pâle, et il se disposait à abandonner ce piédestal ignoble.

— Où donc vas-tu ? C'est à nous à aller recevoir les *paquets* ; toi, tu dois attendre, tu es chez toi, ici, tu es censé le maître de la maison, quoi !

— Je ne puis pas descendre ?

— Non.

— Et si je le voulais ?

— Mais est-il bizarre, ce citoyen ! On

lui dit que c'est l'étiquette, et il n'en tient pas compte.

— Patience donc! cria un autre, la besogne ne sera pas longue, il n'y avait qu'un condamné dans la charrette.

Effectivement, ce jour-là, chose phénoménale et incroyable, il n'y avait qu'une tête à couper.

Néanmoins, le duc trouvait que c'était trop, et il s'avançait déjà, résolu à dire :

— Je ne suis pas Sanson, je suis le duc de Noyal-Treffléan.

Mais en levant les yeux sur le condamné, il demeura foudroyé de surprise.

C'était Soleil.

A la suite de son dîner, un des convives qui n'avait pas trouvé le vin bon, s'était empressé d'aller trouver le comité de salut public; et, grâce à une dénonciation bien détaillée, François Soleil avait été arrêté, jugé et condamné en quarante-huit heures.

Le duc ne songeait plus à abdiquer ses fonctions de bourreau.

Il regardait venir son ancien serviteur.

Il le regardait monter.

Soleil l'avait aperçu et reconnu. Il pâlissait, car le duc Noyal-Treffléan le guillotinait déjà de son sourire.

En mettant le pied sur l'échafaud, le cœur lui manqua.

— Grâce! balbutia-t-il quand il fut à deux pas du duc.

Le duc prit carrément la place du bourreau.

Et lorsque Soleil eut été étendu sur la planche à bascule :

— Ma foi ! lui dit-il en se penchant, voilà le meilleur de tes tours !

Et le duc de Noyal-Treffléan tira le cordon, pour ouvrir à François Soleil la porte de l'éternité.

# CHAPITRE TROISIÈME.

## IV.

Paris à vol de guillotine. — *Suite*.

— Je t'aime !

C'était sous une tonnelle embaumée que résonnait doucement ce mot, murmuré à l'oreille d'une jeune fille et à une portée de lèvres de son cœur.

Pour qu'elle l'entendît mieux, ce mot, tout avait fait silence autour d'elle, les insectes dans les herbes, le vent dans les arbres. Il faisait un grand jour blanc et bleu.

— Je t'aime !

On était au mois d'août, mois brûlant et joyeusement vert, mois des raisins. La journée décroissait, et les murs commençaient à allonger leur ombre paresseuse sur les routes, toutes éclatantes d'une poussière fine et reposée. Immobile comme une peinture, le paysage se détachait avec un relief surprenant sur un horizon d'une crudité napolitaine.

Une lourde charrette passait, traînée par une paire de gros bœufs en sueur. Elle mettait une heure à parcourir un quart de lieue. C'était la partie vivante du tableau.

Un pâtre dormait, la tête dans du foin.

Quelquefois aussi, un oiseau, *bouquet harmonieux*, selon une expression de *l'Encyclopédie*, s'échappait d'une touffe de bruyère, en jetant un seul cri; on le voyait monter rapidement, tourner, puis redescendre et se perdre dans un massif.

Les moulins n'allaient plus. Des gouttes de sueur coulaient de leurs ailes.

— Je t'aime !

Cela se passait au Bas-Meudon, presque au bord de la Seine, à deux pas de la capitale du monde sanguinaire. L'amour n'était pas encore revenu de l'émigration.

Que de bonheur enfermait cette tonnelle ! Chastes enfants, la poésie descendait sur eux par les épées d'or du soleil, par la vapeur céleste, par les branches vertes entrelacées sur leurs fronts, par les parfums errants ! La poésie leur souriait ; elle se faisait l'humble servante de leur jeunesse et de leur amour, et pour cela elle ne leur demandait rien, rien qu'un regard d'admiration ou une parole :

« Mon Dieu ! que c'est beau ! »

Comme un filet d'argent incrusté entre des boiseries vertes, la rivière passait, unie et resplendissante, sans faire de bruit et sans vouloir déranger personne.

— Je t'aime !

La tonnelle était bien petite. Tout juste la place de deux amants. Ni l'un ni l'autre ne songeaient à s'en plaindre. Autour d'eux, les feuilles se resserraient pour les cacher au jour trop ardent. Parmi le gazon où posaient leurs pieds, quelques fleurs de pauvre, bleuâtres ou roses, poussées dans des coins, les regardaient avec discrétion.

O le charmant paradis ! Est-ce Dieu qui l'avait planté en ressouvenance des bosquets perdus de l'Eden ?

Il est comme cela sur la terre quelques endroits ombragés où croît, isolée et suave, la fleur du bonheur amoureux. On passe à côté, on s'arrête quelquefois. La campagne est pour les cœurs dévoyés tout regret et toute envie.

Rien de gai comme une tonnelle. Les Allemands le savent bien, eux qui en mettent au bout de tous leurs jardins, pour venir y philosopher et jouer du violon.

Ces fragments de vieux châteaux, ces ruines qui ne sont plus bonnes qu'à fournir des sujets pour la mine de plomb ou la sépia, ces arceaux gothiques valent-ils, dans leur majesté pesante, une seule de ces petites boîtes feuillées contenant un couple d'amoureux, comme un nid contient un couple d'oiseaux, et que je m'étonne souvent de ne pas voir s'envoler toutes seules, pour aller se placer dans le ciel !

— Je t'aime !

Au milieu de cette nature si radieuse dans son calme, ce mot était né tout naturellement sur les lèvres du jeune homme. La jeune fille n'avait pas répondu; cœur qui approuve, bouche muette.

Elle n'avait même pas rougi; ce qui aurait beaucoup étonné Sterne, si le hasard l'eût fait passer par là.

Le jeune homme avait un livre à la main; la jeune fille tenait une fleur. De temps en temps le jeune homme lisait, de temps et temps la jeune fille respirait. Puis vint le moment où le livre glissa par terre et où la fleur ne tarda pas à rejoindre le livre.

Leurs cœurs battaient à l'unisson, et leurs yeux n'osaient se rencontrer, de peur de s'incendier mutuellement.

Non loin d'eux s'élevait, entre deux peupliers, une maisonnette grisâtre, à deux étages seulement, une oasis encore. L'œil se reposait avec amour sur ces volets, par l'entre-bâillement desquels on voyait flotter une mousseline agitée par un vent frais.

— Je t'aime!

Ai-je dit que ces deux amoureux étaient Emile et Trois-Mai? D'ailleurs, qui cela aurait-il pu être ? Il ne reste plus qu'eux seuls dans mon œuvre, pour aimer. Ce sont les deux têtes sympathiques sur lesquelles j'ai placé mon espoir et ma confiance ; elles intercéderont auprès du lecteur pour les scènes violentes que j'ai dû évoquer.

Hélas ! les murailles de l'histoire se dressant de toutes parts autour d'elles, ont souvent comprimé les mouvements de leur âme. Cela a été une nécessité funeste.

La part du cœur est petite dans ce livre, je le sais. Mais qu'on examine quelle fut la part du cœur dans toute cette fin du dix-huitième siècle ; qu'on me cite les amants célèbres de ce temps-là, ou si l'on ne peut les citer, du moins qu'on se les imagine !

Heureux les romanciers qui, frétant la barque de Cupidon, peuvent accomplir le long de cinq ou six volumes ce voyage tant de fois recommencé autour des passions amoureuses.

Heureux l'auteur de la *Clarisse* et l'auteur de la *Manon Lescaut !* Heureux ces écrivains qui placent le monde dans un boudoir ou dans un grenier, à qui il ne faut, pour installer leur drame ou leur roman, qu'un espace de quelques pas, de quoi seulement y traîner les genoux de leur héros! Ils peuvent s'extasier à leur aise sur le son d'une parole, sur le frisson d'une boucle de cheveux! Ils peuvent, tant qu'ils veulent, suivre une robe à la trace, et s'accouder à deux, le soir, sur des balcons?

Le lecteur les aime ceux-là, et je le conçois : ils sont si bons pour le lecteur, ils ont tant de ménagements pour lui!

Après qu'ils l'ont fait larmoyer, ils ne manquent jamais de lui essuyer les yeux.

Ils fournissent les larmes et ils fournissent le mouchoir. Ils provoquent l'attendrissement par tous les moyens possibles; ils font appel aux souvenirs d'enfance, aux désirs romanesques, à la générosité.

Ce sont de bons auteurs et ce sont des auteurs heureux.

Ils n'empruntent qu'à leur cœur. Peu leur importent Charlemagne et Ptolémée, Caton et Robespierre.

Où va ce jeune homme qui pénètre la nuit dans cette chambre où veille une lueur pâle? Pourquoi cette femme, si jeune et si belle, est-elle noyée dans les larmes? Et voilà leur récit entamé; ils n'en demandent pas davantage, l'imagination les prend en croupe.

Ils ne font pas peur aux jeunes filles. Ils ne rappellent rien de fatal aux pères et aux grands-pères. On sait que leurs spectres ne sont pas des spectres historiques.

Ils mettent un nom en tête de leur livre : *Olympe* ou *Pierre*, et ils partent de là. Et que de familles vont pleurer chaque soir sur les infortunes de Pierre!

que d'esprits vont s'intéresser aux équipées sentimentales de mademoiselle Olympe !

La part du cœur, romanciers, ne l'oubliez jamais ; faites-là toujours la plus large que vous pourrez. Ce ne sont pas des *Iliade* qu'il faut aux multitudes. La note émue de Béranger s'introduit et descend bien mieux dans les caves de l'intelligence que la gamme retentissante d'Homère !

Arrêtons-nous donc un instant sur ce tableau d'amour et de vertu que ma plume eût désiré rencontrer plus tôt, et que toujours l'action barbare a jusqu'à présent repoussé.

— Je t'aime !

Les mains de Trois-Mai et d'Emile s'étaient réunies.

Depuis plusieurs mois ils habitaient cette petite maison de campagne, avec madame la marquise de Perverie, qui, après le 9 thermidor, était rentrée dans presque tous ses biens.

Jusqu'à cette époque, le dévouement du bon majordome Turpin n'avait pas failli un seul jour à ces trois personnes si dignes d'intérêt. Il avait abandonné sa table d'hôte de la rue du Chevalier du Guet, pour mieux se consacrer à leur service.

Mais ce qu'il n'avait pas abandonné, c'étaient ses principes républicains ; une teinte de misanthropie s'était glissée dans son caractère, du jour où il avait été forcé de quitter le bonnet rouge.

Pour Emile, après avoir essayé de plusieurs métiers il avait pensé à se faire auteur.

Comment s'élever au rang de sa fiancée et de Madame de Perverie sinon par l'intelligence, cette fée superbe qui cloue des ailes au dos du malheureux le plus disgracié de fortune et de naissance? Il avait l'exemple d'Amypt et d'Alembert, un autre aussi qui se dressait devant lui avec une irrésistible puissance : celui de Rousseau.

Tous ces hommes et tant d'autres qui constellent de grains d'or le firmament de l'histoire étaient sortis de la foule, faibles et inconnus, et par leur génie ils avaient forcé la France à retourner la tête pour les admirer et saluer leur marche triomphale.

— Je ferai comme eux ! s'écria-t-il.

Il composa un roman et fit deux ou trois pièces de théâtre.

Le roman édité par Tiger, au Pilier littéraire, avait obtenu un succès tranquille, mais honorable.

Ses ouvrages dramatiques avaient moins réussi.

Toutefois on s'accordait en maints

lieux à lui reconnaître de l'imagination, du feu, et de la force dans la pensée.

Avec le caractère qu'on lui sait et après les événements auxquels on l'a vu mêlé, ce jeune homme ne pouvait réellement pas être autre chose qu'un auteur.

Le rêve primait l'action en lui, et, par un de ces hasards si déplorables et si communs, toujours l'action l'avait accaparé et tordu.

Malgré le trouble des temps, Emile était en droit d'espérer une position suffisante; car il tenait du ciel deux inappréciables dons, l'amour et l'esprit de conduite, qui ont mené si loin tant d'hommes intelligents.

La France commençait à reprendre haleine.

Elle était parvenue à se délivrer de son cauchemar terroriste, et, sans voir encore bien clair dans son avenir, du moins y voyait-elle un peu dans son présent.

Il n'en fallait pas davantage pour mettre la plume à la main de quelques esprits originaux et pour rendre aux arts leur part modeste dans les préoccupations publiques.

Emile, Trois-Mai et la marquise de Perverie vivaient donc à peu près heureux dans cette retraite du Bas-Meudon.

— Vois, disait le jeune homme à la jeune fille, comme le ciel se montre beau et bon pour nos amours ! comme la nature verdoyante semble nous reconnaître pour ses enfants ! comme nous faisons bien de nous aimer !

Terrassés par la chaleur, les oiseaux ne chantaient pas.

Ils étaient, eux, les seuls oiseaux de ce paysage.

— Oui, répondait la jeune fille, Dieu est revenu sourire au monde. Mais de quels temps horribles n'avons-nous pas été les témoins ! Et comme j'ai souffert, car vous n'étiez pas là pour me rassurer !

— La révolution m'avait entraîné, disait Emile ; je croyais au milieu des idées nouvelles trouver ma voie et m'élever sans m'avilir. L'espérance me fermait les yeux sur les monstruosités du parti au sein duquel je m'étais jeté. Mais lorsque j'ai vu qu'il me fallait passer dans le crime pour cueillir les lauriers de mes rêves, je me suis enfui en pleurant.

— Mais, répliqua Trois-Mai en souriant avec une mélancolie divine, si je ne vous avais plus aimé?

— Eh bien ! je n'aurais plus vécu.

— Tête folle !

— Hélas ! n'avais-je pas vu de la vie tout ce qu'il en faut pour la mépriser, et des hommes tout ce qu'il en faut pour les haïr? Quel rôle me restait-il à prendre dans ce monde? Votre amour, Trois-Mai, c'est le seul bien qui me rattache à l'humanité.

Il y avait une demi-heure déjà que durait leur entretien, et il n'était pas près de finir, lorsqu'un bruit de feuilles se fit entendre tout auprès d'eux.

Leurs têtes se levèrent à la fois.

C'était la marquise de Perverie qui arrivait pour les surprendre.

Ils ne furent pas confus, car ils n'avaient aucun reproche à se faire.

— Faut-il donc venir vous chercher, mauvais enfants qui me donnez tant d'inquiétude ? Ce soleil vous fera du mal, je vous l'ai dit bien des fois. Rentrez au logis.

Trois-Mai prit le bras d'Emile.

La marquise marchait en avant.

Tous trois arrivèrent ainsi à la maisonnette des peupliers.

Une fois qu'ils furent entrés dans un petit salon décoré avec simplicité et goût, madame de Perverie alla s'asseoir à sa broderie, près de la fenêtre.

La jeune fille se mit à ses genoux sur un tabouret.

Emile, resté debout, examinait ce tableau délicieux.

Après quelques minutes données au silence, la marquise abaissa les yeux sur Trois-Mai.

Et lui prenant une main dans les deux siennes :

— Mes amis, dit-elle, il est temps de vous marier.

Ces paroles firent épanouir deux roses sur les joues de la jeune fille.

Emile en trembla de bonheur.

— Nous marier?... balbutia Trois-Mai.

— Oui, continua la marquise, il faut qu'un ministre de Dieu bénisse l'union de vos deux cœurs et sanctifie votre amour.

— Madame de Perverie a raison, Trois-Mai, murmura Emile en se rapprochant des deux femmes.

— Croyez-vous que ce ne soit pas mon vœu le plus cher? répondit la jeune fille en lui adressant un regard de reproche; mais vous savez bien que je ne m'appartiens pas?

— Que voulez-vous dire?

— Ma mère est morte, mais mon père existe.

— Votre père? prononça la marquise avec un froncement de sourcils qui indiquait une juste aversion.

— Quels qu'aient été ses torts, reprit

Trois-Mai avec un accent ferme, je ne puis ni ne dois disposer de ma main sans son agrément.

— Hélas ! ma pauvre enfant, votre père ne pense sans doute guère à vous.

— Vous oubliez, madame, que sur une prière de moi, il a cependant sacrifié toute sa fortune.

Un silence suivit ces quelques mots.

Il n'appartenait qu'à la marquise de le rompre, ce qu'elle fit avec un mécontentement mal dissimulé.

— Mais votre père, ma chère Trois-Mai, nul ne sait ce qu'il est devenu ; deux ans se sont écoulés depuis que vous n'avez eu de ses nouvelles.

— C'est vrai.

— Qui vous dit qu'il n'est pas allé rejoindre votre malheureuse mère au tombeau !

La jeune fille inclina la tête sans répondre.

Mais, en surprenant le regard d'Emile

attaché sur elle, une larme parut au bord de ses paupières.

— Trois-Mai? s'écria-t-il.

— Non, quelque chose me dit que mon père n'est pas mort, un des noms les plus fameux de France ne s'éteint pas ainsi dans l'obscurité, croyez-moi.

Emile réfléchit un instant.

— Ainsi, demanda-t-il, ce n'est rien que le consentement de votre père qui vous arrête?

— Qui pourrait m'arrêter encore ?

— Ce consentement obtenu, la fille du duc de Noyal-Treffléan accordera sans regret sa main à l'humble enfant de l'hospice ?

— Ne lui a-t-elle pas déjà donné son cœur ? répondit Trois-Mai avec une ineffable expression.

— Eh bien ! si votre père existe, soyez sûre que je le trouverai. Je pars demain pour Paris.

— Vous nous quittez ? murmura la marquise de Perverie.

— Pour revenir bientôt.

— Dieu vous conduise alors, soupira-t-elle ; mais je doute du succès de votre entreprise. Si le duc eût été vivant, le bruit de ses folies nouvelles fût parvenu depuis longtemps jusqu'à nous.

— Madame... supplia Trois-Mai.

— Que voulez-vous, chère enfant ? vous ne m'ôterez pas mes appréhensions.

— Rappelez-vous que le duc a passé soixante et quinze ans, objecta Émile à son tour.

— Et vous aussi, dit la marquise en souriant avec amertume, vous le connaissez si peu? Ah! l'on voit bien qu'il ne vous a pas fait autant de mal qu'à moi...

Elle ferma les yeux, mit sa main sur son front et resta quelque temps en rêverie.

Les deux jeunes gens respectèrent cette douleur.

Mais, à la dérobée, Trois-Mai trouva le moyen de serrer la main d'Emile, en témoignage de reconnaissance.

La marquise de Perverie se remit ensuite à sa broderie.

— La belle journée! dit-elle en écartant le rideau de la fenêtre.

# CHAPITRE QUATRIÈME.

IV.

Paris à vol de guillotine. — *Suite*.

Emile partit pour Paris le lendemain matin, après avoir promis à Trois-Mai de lui écrire pour lui faire part du résultat de ses démarches.

Il fut frappé de l'animation singulière et folâtre qui régnait dans les rues, après la tristesse sombre qu'il avait eu tant de fois l'occasion d'observer. La *Jeunesse dorée*, menée par le fils de Fréron et par Barras, remplissait d'extravagance et de gaieté cette ville si longtemps vouée à la décapitation.

Des voitures de toute sorte faisaient voler la poussière des Champs-Elysées, lorsqu'il entra. C'étaient des cabriolets-solo avec des sonnettes, des carriks attelés de deux coursiers, des tape-culs nouveaux, des berlines aux stores coloriés, des chars antiques. Un auteur satirique du temps écrivait :

« On va chez ses créanciers en *demi-fortune*, chez son mari en *dormeuse*, chez son amant en *diligence*. »

Les dames, qui étaient assez malheureuses pour ne point posséder d'équipages, se promenaient en habit d'amazone, la tête couverte d'une espèce de bonnet à la hussarde et chaussées de brodequins.

Plus Emile avançait dans Paris, plus l'étonnement le gagnait. Il se tâtait pour se persuader qu'il n'était pas transporté dans un monde romanesque, et il interrogeait de temps en temps sa mémoire, afin de bien se convaincre que l'époque du carnaval était passée depuis six mois.

Moi, du reste, qui me passionne aisément pour toutes les excentricités de l'histoire, et qui marche scrupuleusement à leur recherche, c'est à peine si je crois au directoire et à ses pompes. Les estampes fidèles de Carle Vernet et les remarquables gravures de Debucourt me laissent dans un ahurissement voisin de l'incrédulité. Je n'ose pas envisager d'un œil sérieux la réalité de ces personnages vêtus en jockeys, en paillasses et en postillons.

Je comprends tous les costumes, excepté le costume des *incroyables*, des *merveilleux*, et des *muscadins*.

Cette orgie de rubans de mousseline, de cadenettes, de bâtons noueux, d'habits sans fin, de breloques, de bas rayés, cet abus du fantasque et de l'impossible me précipite dans des stupéfactions que je ne cherche pas à dissimuler.

Les hommes et les femmes du directoire ressemblent à tout ce qu'on voudra, excepté, cependant, à des femmes et à des hommes. Leur langage même ne se rattache à aucune tradition.

Je crois voir des pantins, je crois ouïr des vaucansonneries ; je cherche la boîte d'où ils ont pu s'élancer.

Emile donna quelques heures à la contemplation de ce spectacle inouï, ensuite il s'occupa activement du duc de Noyal-Treffléan, et s'en alla demander de ses nouvelles à d'anciens Jacobins qu'il avait connus lors de son emploi chez Robespierre.

Ils lui apprirent que le duc avait été condamné par le tribunal terroriste, mais qu'il était parvenu à s'évader de la prison où il avait été renfermé, fait d'autant plus extraordinaire qu'à l'époque de son incarcération il ne possédait pas un sou vaillant.

— Peut-être a-t-il passé à l'étranger, lui dit-on; mais, si contre toutes prévisions, il est resté à Paris, il n'y a qu'un endroit où vous puissiez espérer le voir.

— Quel endroit? demanda Émile avec empressement.

— Le *bal à la victime*.

— Mais qu'est-ce que c'est que le bal à la victime ?

— C'est le bal des guillotinés, si vous aimez mieux.

Emile regarda son interlocuteur avec surprise et effroi.

Celui-ci lui expliqua alors ce que c'étaient que les bals à la victime.

Croira-t-on dans la postérité que des personnes dont les parents étaient morts sur l'échafaud, avaient institué, non des jours d'affliction solennelle et commune où, rassemblées en habits de deuil, elles eussent témoigné leur douleur sur des pertes aussi cruelles, aussi récentes; mais bien des jours de fêtes où il s'agissait de valser, de boire et de manger à cœur joie.

Pour être admis au festin et à la danse, il fallait exhiber un certificat attestant que l'on avait perdu un père, une mère, un mari, une femme, un frère ou une sœur sous le fer de la guillotine. Est-ce la danse des morts de Holbein qui avait inspiré une idée pareille? ajoute Mercier. Pourquoi, au milieu du bruit des violons, ne fit-on pas danser un spectre sans tête ?

Emile frémit.

Il résolut cependant de se rendre au bal des victimes, et le jacobin lui promit de lui en faciliter l'entrée.

Jusqu'au soir, Emile erra dans Paris, cherchant en vain la trace du Paris de la terreur, n'apercevant, à travers des vitres de Méot et de Véry, que gastronomes en fonctions et couples en bonnes fortunes, sablant l'Epernay et savourant à petits coups cette nouvelle liqueur d'Arabie que l'on avait surnommée *velours en bouteilles.*

Le soir venu, il entra chez un fripier pour louer un costume à la mode, composé d'un habit vert long et carré, d'un gilet croisant sur la gorge, d'une culotte descendant jusqu'aux mollets, et d'une paire de souliers à bec-de-canard.

Une volumineuse cravate ensevelit son menton, mais il refusa de se mettre des lunettes sur le nez, bien que ce fût le complément de toute toilette muscadine;

il se contenta d'un immense lorgnon à deux branches, en forme de fourche.

Pour sa coiffure, il n'en fut pas quitte à si bon marché, et il fallut qu'il se laissât accommoder par un officieux *merlan :* les cheveux séparés sur le front, nattés par derrière, et les faces pendantes le long des oreilles.

Un chapeau de forme effroyable, tel que le plus dévergondé caricaturiste n'oserait en rêver pour le général Malborough, s'enfonça sur ses yeux, tracassés par le perpétuel dandinement d'un gland d'or. Ainsi costumé, Emile pouvait être accepté comme un *inconcevable* ou un *merveilleux*.

Il y avait alors deux cents bals à Paris.

Deux cents !

Ceux de Ruggieri, de Lucquet, de Mauduit, de Wenzel et de Montansier étaient les plus célèbres. Mais les bals à la victime se donnaient seulement dans l'hôtel Richelieu, palais enchanté, décoré par des palettes d'Opéra, et étincelant de lumières du plancher au plafond.

Dès qu'on y mettait le pied, c'était une

cohue d'aigrettes, de dentelles, de gaze, robes aériennes, châles d'Egypte, sandales romaines, soieries de Turin, diadèmes de brillants, coiffures en anneau de Saturne, chignons à la Nina ou bonnets au *repentir d'Eulalie*, boucles de cheveux morales et sentimentales, houppes *à tempérament*, collets noirs et collets rouges, souliers à la turque, périscélides d'or aux jambes nues, pantalons féminins couleur de chair, chemises de linon, chevelures blondes empruntées aux têtes guillotinées, éventails verts et cassolettes, tout un chaos de lumière, de peau, d'étoffes et de métaux, fouetté par un fougueux orchestre.

Lorsque Emile entra, il fut ébloui.

Des chars attelés de colombes et guidés par des Vénus étaient peints au plafond, se dirigeant à travers des nuages qui éblouissaient, percés par des rayons de soleil.

C'était l'Aurore aux doigts fleuris, c'était Hébé, une coupe à la main; c'étaient des chœurs de nymphes aux tuniques aériennes.

Sans guide, il marcha au milieu des femmes transparentes et des hommes enharnachés comme des paysans fastueux.

Il se fraya un chemin entre les chapeaux à la prussienne, les gilets anglais, les chemises hollandaises et les bottes russes.

En passant, il défrisa bien quelques coiffures à la Titus, à l'Alcibiade et à la Caracalla ; il posa le pied sur quelques chaussures d'Asthley, et accrocha bien quelques basques de Catel, mais il ne s'arrêta pas à si peu.

Il alla, coudoyant danseurs et danseuses, causeurs et causeuses, dans la vapeur rougeâtre où ils se mouvaient, les regardant tous en face, afin de voir s'il ne reconnaîtrait point parmi eux celui qu'il cherchait, le père de Trois-Mai, le duc de Noyal-Treffléan.

Il fallait qu'il le trouvât, car c'étaient tous les gens sans cœur de la France qui s'étaient donné rendez-vous dans cette salle étouffante, tous les cyniques, toutes les courtisanes, tous les égoïstes, tous les Don Juan, toute l'écume éclatante et bruyante de ce pays sans pareil.

Le duc devait se trouver là, au milieu, au sommet !

Emile tournait la tête en tous les sens.

On le poussait, il poussait, la musique lui faisait du vent aux oreilles. Mais il ne *le* voyait pas encore.

En revanche, il vit quelques-unes des célébrités d'alors; il vit Garat, l'homme-rossignol, personnage arrogant, et qui poussait jusqu'au ridicule l'amour de lui-même.

Garat, pour se singulariser, était venu en habit négligé, en bottes, les cheveux en désordre. Il se donnait les airs d'un homme de cour et se carrait au milieu de cinq ou six fanatiques, mendiants de roulades, qui lui faisaient cortége.

Il vit madame Tallien, l'âme de toutes les fêtes du Directoire. C'était une belle femme qui n'accusait guère plus de vingt-cinq ans, tête espagnole, sourire français. On ne savait ce qu'on devait le mieux admirer en elle, ou de la richesse de sa taille ou de la perfection de son bras, qu'elle n'avait d'autre tort que de faire voir trop souvent.

La critique ne pouvait s'attaquer qu'à son nez qui, dans le fait, était assez vilain.

Elle était vêtue à l'antique et chaussée de cothurnes, avec des émeraudes aux doigts des pieds. Une tunique diaphane laissait presque toute la gorge à découvert, et du milieu de ses magnifiques cheveux noirs s'échappait un croissant de diamants.

D'autres femmes suivaient madame Tallien, les unes en perruque à la Bérénice, les autres en habit d'amazone avec un bonnet de velours écarlate posé sur le côté de la tête; celles-ci avec un chapeau à lucarne et un châle rouge; celles-là en spencer et en casquette anglaise; quelques-unes avec turbans inondés de perles.

C'étaient toutes des merveilleuses émérites ; elles marchaient en ramenant les plis de leurs robes sur le bras droit, laissant voir leurs bas à coins rapportés ou leurs bottines à l'écuyère.

Leur bourse était appendue à la ceinture ; et, comme elles n'avaient pas de poches, elles faisaient porter leur mouchoir et leur éventail par des jeunes gens qui les suivaient en papillonnant autour d'elles à l'instar des sigisbés d'Italie.

La plupart de ces femmes étaient recrutées parmi les parentes et les maîtresses des députés.

Ce fut ainsi que l'on cita auprès d'Emile la maîtresse de Raffron, la sœur de Guyomard et la fille cadette d'Isnard, une belle blonde élancée, qui se mariait le lendemain avec cent mille écus de dot.

Tout le monde avait une manière de s'aborder qui surprit Emile et le fit frémir.

Voici ce que c'était.

On saluait en inclinant la tête, une fois brusquement, comme lorsqu'elle tombe, par illusion au supplice de la guillotine.

C'était d'un effet affreux.

Il y avait des femmes qui dansaient en s'accompagnant du tambour de basque; il y en avait d'autres qui jouaient de la harpe sur des estrades ornées de draperies.

Dans les pièces attenantes, des tables étaient dressées et surmontées de fruits à la glace, de cœurs à la fleur d'orange, de perdrix froides.

Une population d'agioteurs s'y pressait.

Puis, on causait politique dans les entr'actes laissés par le violon de Rode.

— *Paole victimée*, cela ne peut pas durer! disaient les incroyables, que l'on appelait aussi des *béto-crates*.

Emile, emporté par tous les groupes, se hissait vainement sur les banquettes de velours et sur les chaises. Il ne voyait rien venir.

Pas de duc.

Une fois, cependant, il crut apercevoir dans une galerie supérieure cette figure si désirée ; mais lorsqu'au bout d'un quart d'heure il arriva au faîte de l'escalier, la figure avait disparu.

Il s'informa, il courut, le tout inutilement.

Beaucoup le prirent pour un fou, quelques-uns pour un amoureux ; on le bouscula et on lui rit au nez.

Toute la nuit se passa de la sorte pour Emile, car il persista à ne quitter le *bal des victimes* que lorsqu'il fut bien convaincu de l'absence du duc de Noyal-Treffléan.

Alors seulement, il quitta l'hôtel Richelieu.

Il était trois heures et demie du matin.

La lumière brouillardée descendait sur les toits de Paris; de lointaines rumeurs commençaient.

C'était plaisir de marcher sur le pavé blanc et désert.

Emile s'en allait droit devant lui, songeant, et les yeux baissés.

Il traversa la Seine.

Il erra sur les quais, regardant les barques s'éveiller.

Il s'engagea dans la Cité, qu'il avait habitée jadis et qu'il trouva dormant.

Un vent frais se dépêchait à souffler avant que le soleil ne vînt l'abattre sur place.

Emile marchait toujours.

Il entrait dans la rue de la Vieille-Draperie, lorsque tout à coup il recula effrayé...

Devant lui, presque sous ses jambes, un homme venait de surgir d'un trou.

Cet homme portait une pelle, un seau et un barillet au côté. Il était couvert de boue. Il avait de hautes bottes.

Cet homme regarda Emile et parut étonné.

Emile poussa un cri de surprise.

Sous ce costume étrange, il venait de reconnaître le duc de Noyal-Treffléan.

— Tiens! tiens! dit le duc en posant son seau à terre, le petit Emile!

Et il se mit à rire de la rencontre.

Mais Emile se croyait le jouet d'un rêve; il ne se lassait pas de regarder le trou et de regarder l'homme, ses mains noires et mouillées, ses vêtements infects.

— Vous! murmura-t-il.

— Moi, répondit le duc de Noyal-Tréfléan, moi-même!

— Oh!

— Ah çà ! l'on dirait que c'est la première fois que vous voyez sortir quelqu'un d'un égout.

— Un égout ! répéta Emile sur la figure duquel se peignit l'horreur.

— Oh ! un petit égout ! dit le duc ; mais permettez-moi de retirer mon échelle, car avec tous vos étonnements vous me tiendriez là une heure...

Il se pencha, amena à lui une longue échelle, et, avec une barre de fer, il replaça la trappe ferrée qui bouchait l'orifice de l'égout.

— Là!... dit-il quand il eut fini son opération.

Puis, portant son barillet à ses lèvres, il but lentement quelques gorgées d'eau-de-vie.

Emile était pétrifié.

— Parbleu! mon jeune ami, s'écria le duc, vous faites là une drôle de figure; est-ce que vous ne seriez encore pas bien certain de mon identité ?

—Ma foi! monsieur, s'il faut l'avouer, répondit Emile, j'hésite, en effet, à retrouver un Noyal-Treffléan sous cet habit.

— Est-ce que vous auriez mieux aimé ne pas le retrouver du tout ?

— Ce serait trop long à vous expliquer en ce moment, et le temps me manque.

— Mais il n'est pas cinq heures, dit Emile.

— Justement, c'est l'heure de mon travail ; il me faut visiter six lieues d'égout de ceinture.

Emile n'entendait rien à ce langage ; il ne comprenait qu'une chose, c'est que le duc de Noyal-Treffléan allait encore lui échapper, et il fallait qu'à tout prix Emile l'entretînt à l'instant même de ce qui l'amenait.

— J'avais à vous parler de votre fille, lui dit-il essayant de le retenir par le cœur.

— Ah ! ah ! de ma fille, de Trois-Mai ? Eh bien ! parlez-m'en en quatre mots. Comment se porte-elle, ma fille ?

— C'est que... ce que j'avais à vous dire est un peu long.

— Diable ! je ne vois pas alors comment faire ? dit le duc.

— Ne pouvez-vous donc disposer d'une heure ?

— Impossible, je serais mis à l'amende... et, l'ouvrage avant tout.

— Eh bien ! une demi-heure seulement.

— Non.

Emile ne voulait pas le lâcher.

Le duc de Noyal-Treffléan, frappé de cette obstination, réfléchit.

— Il n'y a qu'un moyen, dit-il, de concilier mon devoir avec votre désir.

— Lequel? demanda Emile empressé.

— C'est de me suivre.

— Vous suivre... où cela?

— Dans l'égout Saint-Michel, où je travaille, répondit le duc.

— Soit! prononça le jeune homme,

qui ne put s'empêcher de faire une grimace.

— Venez donc.

Et, se baissant, le duc de Noyal-Treffléan ramassa sa pelle et son seau, mit l'échelle sous son bras, et, sans fléchir sur ses bottes géantes, il se dirigea par la rue de la Harpe vers l'égout Saint-Michel.

Emile le suivait.

## CHAPITRE CINQUIÈME.

### V.

Paris à vol de guillotine. — *Suite.*

Qu'on se rappelle les élégances des deux premiers livres de cette histoire; qu'on se rappelle les draperies abondantes que j'ai tendues au-dessus de la tête de mes personnages et les tapis moelleux que j'ai souvent cloués pour leurs pieds; et, si faire se peut, que le lecteur me pardonne de le conduire où je vais le conduire. dans l'égout Saint-Michel.

N'est-ce pas dans un égout aussi que le dix-huitième siècle est tombé sur la fin de ses jours? N'est-ce pas à l'égout encore que marche en ce moment le dix-neuvième siècle? L'égout nous environne et nous menace, il est partout, il croît sous nos pieds.

— L'abîme! l'abîme! s'écriait Pascal dans son effroi.

## LES CHEMISES ROUGES.

Nous nous disons :

— L'égout ! l'égout !

Il faut le voir. Il faut aller au fond. C'est une nécessité. Notre siècle ne veut pas la demi-science, il doit tout ignorer ou tout savoir. Il saura tout.

Ne croyez pas cependant que ce soit un instinct naturel qui me pousse à cette description fétide ; vous me connaîtriez mal. Les premiers temps de ma littérature se sont passés dans la soie du style et dans le velours de l'idée ; les roses de Pœstum se nouaient sur mon front en couronnes odorantes. J'avais des délicatesses pour tout et pour tous ; ma phrase sentait bon comme une cassolette ; je célébrais Délie et les Amours, je m'écriais comme le chevalier Bertin :

Elle est à moi, divinités du Pinde !

La révolution de février est venue, elle est tombée dans mon assiette comme la foudre. Elle m'a fait penser aux cous tranchés d'autrefois, et le lait de ma rhétorique en a tourné immédiatement. Je voyais le ciel, j'ai vu l'égout.

Marchons bravement à l'égout. Ce

n'est que passager, d'ailleurs. Ceux qui me connaissent savent bien que je ne puis résister longtemps dans ces endroits privés de lumière, et que j'obéis aux circonstances.

Comme sous une machine pneumatique, mes sens palpitent, et je cherche à m'échapper par des crevasses. Je redemande mes charmilles à Pompadour, mes petits soupers de Choisy.

Par où s'en va-t-on de ce roman? demandai-je à mes intimes.

Mais l'action brûlante me réclame et

m'entoure, il faut aller jusqu'au bout. Je vais.

Paris, semblable à un théâtre, possède son premier dessous, son deuxième dessous et même son troisième dessous. Paris a ses trappes et ses chausse-trappes. Trois grandes administrations, celle du gaz, celle des fontaines et celle des égouts travaillent incessamment ses flancs lignuodes. Nous ne parlons pas des catacombes, chantées par Delille, et plus connues que l'ancien Tivoli.

Je me promenais l'autre jour dans la ville de Batignolles-Monceaux; et au coin de la rue des Dames, je vis sortir d'un trou d'égout, pendant une demi-heure environ, cent cinquante personnes. C'était étrange.

Ces cent cinquante personnes allèrent déjeuner chez le père Latuille, cette célébrité qui se classe immédiatement au-dessous des Desnoyers, à la Courtille. Ils étaient tous égouttiers, et c'était leur réunion annuelle qu'ils fêtaient au printemps.

Je regrettai de n'être rien qu'homme de lettres, et de n'avoir pas le droit d'assister à cette fête. Donc, je me contentai de les regarder par la fenêtre et de les voir sabler le bourgogne; ce qu'ils faisaient avec beaucoup de conviction.

Toujours je me suis occupé de ce qui se passait sous moi. Les tribunaux secrets d'Allemagne m'ont prédisposé à cette attente nerveuse, à cette inquiétude fantastique développée par la lecture de l'admirable roman de Walter Scott intitulé: *Anne de Geirstein, ou la Fille du brouillard*. C'est ce qui explique pourquoi je marche toujours sur la pointe des pieds.

Le duc de Noyal-Treffléan conduisit

Emile jusqu'à la place Saint-Michel, où s'élève une fontaine insignifiante à laquelle on boit, mais que l'on ne regarde jamais. Un marchand de vin est à côté.

Par la cave de ce marchand de vin, à la *Treille-d'Or*, le duc et Emile, munis de deux torches, s'engagèrent avec précaution. Ils descendirent une trentaine de marches et se trouvèrent dans une galerie fuligineuse qui suait de tristesse, de chaleur et de vieillesse.

On y voyait les anciens murs des fortifications de Philippe-Auguste, les barbacanes, les créneaux, les meurtrières.

Des limaçons rampaient sur ces ruines respectables et les bordaient d'argent.

Le duc en brûla quelques-uns avec sa torche. Ils étaient dans un des plus vieux égouts de Paris, faisant partie de ce que l'on nomme l'égout de ceinture. Il fallait se tenir courbé pour les traverser et marcher en écartant les jambes afin de ne pas se mouiller. De temps en temps le bruit d'une chute d'eau les avertissait de se ranger pour éviter des éclaboussures immondes.

— Nous voilà sous le jardin du Luxembourg, dit le duc de Noyal-Treffléan, courbez la tête... Est-ce que vous n'entendez pas le chant des oiseaux?

— Non, dit Emile.

Mais ce qu'il entendait bien mieux et ce qui l'effrayait davantage, c'étaient les voitures qui roulaient au-dessus de sa tête avec un bruit assourdissant.

— Maintenant, dit le duc de Noyal-Tretfléan, vous pouvez parler; nous voilà parfaitement tranquilles.

Emile cherchait à s'assurer sur ses pieds.

— Qu'est-ce que vous me voulez? demanda le duc.

On se trouvait alors sous l'abattoir Saint-Germain. Une bande de rats s'élança sur la torche d'Emile et l'éteignit. Il la ralluma à celle de M. Noyal-Treffléan.

— C'est bien pis, dit celui-ci, lorsque nous nous trouvons sous une fabrique d'où se dégagent des acides meurtriers, à Passy, par exemple; les torches s'éteignent et nos ouvriers n'ont pas toujours le temps de regagner les *regards* par où ils sont descendus.

— Les *regards* ? demanda Emile.

— Oui ; ce sont les trous par où nous descendons dans les égouts, et les *tampons* sont les noms des trappes qui les recouvrent.

— Ah ! murmura Emile avec satisfaction, voici que la galerie s'agrandit ; je puis avancer sans baisser la tête.

— Oui ; mais que me parliez-vous de ma fille ? dit le duc.

— Votre fille veut se marier, dit le jeune homme.

— Attendez!... fit M. de Noyal-Treffléan en étendant le bras.

— Quoi donc?

— N'entendez-vous pas?

— Non.

— Ce bruit?

— En effet, dit Emile, prêtant l'oreille.

— C'est l'orage, murmura le duc.

— Vous croyez ? dit Emile.

— Oh ! il n'aura pas le temps de nous atteindre ; marchez vite, nous allons prendre l'embranchement de la rue Soufflot.

Mais, à la rue Soufflot, le duc de Noyal-Treffléan lâcha un blasphème.

Un tuyau de fontaine laissait échapper l'eau dans les galeries de l'égout.

— Retournons, dit le duc.

Ils retournèrent.

Mais par malheur ils se trompèrent d'embranchement.

Ils se dirigèrent vers la rue Clovis.

Emile s'arrêta, portant la main à son cœur.

— Qu'avez-vous ? lui dit le duc.

— Cette odeur me suffoque.

— Bah !

— Je voudrais sortir.

— Impossible! répondit le grand seigneur, nous sommes sous la montagne Sainte-Geneviève; attendons que l'orage soit passé.

— Non, balbutia Emile, je vais me trouver mal.

— Bien vrai?

— Oui.

— Alors montez sur mes épaules, et passez votre torche à travers l'ouverture du *regard*; elle sera aperçue des passants.

Mais Emile, défaillant, se laissa tomber sur les pierres.

— J'ai eu tort de l'amener ici, pensa le duc de Noyal-Treffléan ; ses poumons ne sont pas assez forts.

La pluie d'orage montait.

Mais le duc ne s'en inquiétait pas.

Il se savait sur un des plus hauts points de Paris.

Il attendit qu'Emile reprit ses sens.

Quand il le vit revenir à lui, il l'aida à se remettre sur ses jambes.

— Où diable sommes-nous, se demanda-t-il, et de quel côté prendre?

Les égouts sont des labyrinthes pour les égouttiers eux-mêmes. Il faut une grande lucidité d'esprit et de nombreuses précautions pour s'y engager; il faut des allumettes, il faut du pain, il faut de la boisson. En cas d'orage, leurs ciseaux leur servent à se cramponner aux pierres des voûtes, et ils s'y suspendent à l'aide de leurs bretelles, jusqu'à ce que les eaux se soient retirées.

Pareil événement arriva l'année dernière à l'ouvrier Maillard, qui, se ressouvenant d'avoir oublié ses outils dans l'égout de la Porte-Saint-Martin, alla les chercher malgré la pluie, et passa vingt minutes dans cette position suspendue.

L'orage et l'asphyxie sont les deux seuls inconvénients que comportent les égouts.

Quant aux rats, disons que l'on en a singulièrement exagéré le nombre en ces derniers temps, et que les nouvellistes souterrains se sont joués tout à fait de la crédulité parisienne, en rapportant cette fameuse chasse qui n'a jamais eu lieu que dans leur imagination.

Beaucoup de personnes se sont laissé prendre à l'air véridique de ce compte-rendu, qui donnait le total des victimes et le prix de chaque tête, sans oublier la teneur d'un soi-disant traité passé entre l'administration et deux marchands de gants de Norwège. Cette plaisanterie s'est continuée par la relation d'un banquet dont le caprice d'une plume spirituelle a seul fait les frais. Quelques journaux ont même reproduit le *speach* en vers d'un égoutier-poète.

Comme on le voit, rien n'a manqué à la mystification.

Il est des égouts navigables, tel que le grand égout de ceinture.

S'embarquant à Passy, on peut voguer en batelet trois ou quatre lieues durant et s'en aller déboucher au quai de la Tournelle par exemple, après avoir passé sous la Villette. Par un endroit l'égout s'agrandit et prend dix ou douze pieds de haut. Quelques-uns ont des trottoirs.

Des hommes passent là-dedans des

journées entières, et même des nuits. Ils n'en sont pas plus tristes pour cela, et pas plus malheureux. Ils ont chaud en hiver et frais en été, au rebours de tout le monde.

Ce sont d'aimables drilles, ces égoutiers. Ils font de joyeux repas au fond de leur antre, car le gouvernement, dans sa sollicitude, leur a fait construire de charmants cabinets où ils peuvent déjeuner et dîner, quand l'ouvrage les talonne. J'ai vu dans l'égout des Filles-du-Calvaire un de ces cabinets dont la décoration a bien coûté quatre à cinq mille francs. Une table de vingt couverts y tient à l'aise.

Les égouts vivent en assez mauvaise intelligence avec le gaz et les fontaines.

Ils ont souvent des mots et des coups de pelles entre eux. Tantôt c'est un tuyau qu'ils cassent par imprudence, ou un robinet qu'ils faussent.

Voici les causes qui avaient déterminé le duc de Noyal-Treffléan à embrasser une profession si bizarre et si repoussante.

Jeté dans les cachots de Saint-Lazare, à la suite de l'exécution de François Soleil, il était parvenu à s'évader par l'égout du faubourg Saint-Denis, où l'hospitalité la plus cordiale lui avait été accordée. Nulle cachette n'offrait plus de sûreté que celle-ci, et il n'était pas supposable que le comité du salut public vînt l'y relancer.

Jusqu'au dénoûment de la terreur, le duc resta donc dans l'égout, payant par son travail l'hospitalité qu'on lui donnait; il se rendit utile tout en faisant son apprentissage, et peu à peu il finit par mordre au métier, comme on dit.

Aussi après le 9 thermidor continua-t-il tranquillement à curer les égouts de la capitale, comme s'il n'avait jamais fait autre chose de sa vie. Que pouvait-il faire, en effet ? il était plus ruiné que Job ; la révolution avait décapité tous ses amis et la plupart de ses maîtresses; Soleil n'était plus auprès de lui pour lui créer des plaisirs. Et d'ailleurs, il avait tant vécu sur Paris qu'il pouvait bien vivre dessous pendant quelques années.

Un duc égouttier ! cela avait quelque chose qui le séduisait et flattait son imagination, car c'était bien lui qui avait eu cette idée, lui seul, cette fois !

Ce fut ce qu'il raconta à Emile, tout en cherchant à retrouver son chemin. L'orage avait épaissi les ténèbres autour d'eux, et souvent le duc interrompait son récit pour interroger avec sa chandelle les embranchements qui s'offraient béants et noirs.

Emile marchait derrière lui d'un pas mal assuré à travers ces dédales immondes, tandis que son esprit se reportait vers les délicieuses campagnes qu'il avait quittées. Il frémissait en appuyant ses mains à ces murs mouillés qui avaient si peu d'analogie avec l'écorce des hêtres, en trébuchant sur ces pavés gras et en les comparant aux monticules gazonnés de Meudon.

Le duc de Noyal-Treffléan était inquiet; après encore une demi-heure de va-et-vient, il murmura :

— Nous aurons plus vite fait de sortir par le premier regard venu; autrement, nous risquerions d'aller jusqu'à Arcueil.

— Mais, comment sortir? demanda Emile; vous avez laissé votre échelle dans la boutique du marchand de vin.

— Vous allez voir, répliqua le duc; prenez ma pelle... Maintenant, montez sur mes épaules.

Émile hésita.

— Oh! ne craignez pas de me faire du mal, dit le grand seigneur en souriant; je suis encore robuste pour mon âge.

Le jeune homme obéit, et s'appuyant aux pierres, il se hissa sur M. de Noyal-Treffléan.

Dans cette position ce dernier lui dit :

— A propos, qu'est-ce que vous me contiez donc tout à l'heure... que ma fille veut se marier ?

Emile faillit tomber, tant cette question faite en un moment pareil l'abasourdit.

Il ne répondit pas, il demanda :

— Que faut-il faire maintenant

— Levez les yeux. La trappe ronde qui ferme le regard est juste au-dessus de votre tête. Il faut la soulever à l'aide de la pelle.

Le jeune homme obéit et engagea le fer de l'instrument entre la pierre et le tampon.

D'abord ses efforts furent inutiles, mais, excité par le vieillard, il s'acharna.

La trappe, à demi-soulevée, l'allait être

tout à fait, lorsque, par un hasard infernal, une voiture arrivant la ferma avec un bruit de tonnerre et fit tomber la pelle des mains d'Emile. Peu s'en fallut que lui-même ne fût renversé, mais l'étroitesse des murs le préserva d'une chute qui l'eût fracassé.

Pour sa part, le duc de Noyal-Treffléan s'en tira avec une forte contusion aux reins, produite par le fer de la pelle.

Ils renoncèrent à leur projet, qui présentait trop de danger, et de nouveau ils marchèrent dans le ruisseau fangeux jusqu'à ce qu'ils fussent arrivés à une espèce de carrefour. Là, le duc fit entendre un cri de satisfaction.

Il se reconnaissait. Il était entre la rue de l'Arbalète et la rue de l'Epée-de-Bois, dans le quartier Saint-Marceau.

## CHAPITRE SIXIÈME.

## VI.

Paris à vol de guillotine. — *Suite*.

Ce fut dans un de ces cabinets dont il vient d'être question, rendez-vous de chasse des égouttiers, que M. de Noyal-Treffléan fit entrer Emile.

Il lui indiqua du geste une chaise de bois.

— Nous voilà dans un endroit tranquille, dit le duc; nous ne saurons mieux être pour causer. Causons donc.

Cet homme avait conservé même dans son infamie tant de noblesse et de simplicité, que notre héros ne pouvait se défendre encore d'un reste de respect envers lui. Emile demeura donc debout.

— M. le duc, dit-il d'une voix presque

solennelle, je viens vous demander la main de votre fille.

Une telle demande, dans un tel lieu, avait je ne sais quoi d'extraordinaire et de grave.

Le duc de Noyal-Treffléan, bien que rompu à toutes les excentricités, fut frappé de celle-ci.

Il regarda fixement le jeune homme, dont la figure restait sereine et l'attitude irréprochable, au point de vue de l'étiquette.

Il parut satisfait, et pour quelques minutes il put se croire dans un de ses salons d'autrefois.

L'égouttier disparut pour rendre sa place au grand seigneur.

—La main de Trois-Mai? répéta-t-il lentement.

Emile s'inclina.

—C'eût été une démarche bien téméraire, il y a quelque dix ans, prononça le duc en hochant la tête; mais, aujourd'hui, toutes les classes de la société sont confondues; une égalité funeste règne entre les personnes, et, pour peu que cela continue, Dieu sait où cela nous mènera! Hélas!

En achevant ces paroles, si étranges dans sa bouche, il fouetta du bout de ses doigts les dentelles absentes d'un jabot imaginaire.

Émile l'écoutait et le regardait avec surprise.

— La démocratie nous a perdus, reprit le duc en soupirant; elle a chassé toute élégance et toute délicatesse; oui, palsembleu! votre Paris est devenu inhabitable, du moins en dessus.

On y est exposé à se faire marcher sur le pied par un tas de gens sans aveu et sans titre. Plus rien de grand ni même de joli! L'absurde remplaçant tout! L'anarchie du haut en bas. Et pour quelqu'un qui, comme moi, a les nerfs très-sensibles, avouez que je ne pouvais me commettre dans une semblable pétaudière!

M. le duc de Noyal-Treffléan, emporté par un suprême mouvement de dédain aristocratique, épouvanta un rat, qui partit d'entre ses jambes et se sauva éperdu.

—Gardons toujours les saines traditions du bon goût, continua-t-il; opposons-nous au torrent dévastateur des barbares. La France doit éternellement rester l'asile des grâces, de l'esprit et de la coquetterie. Tant qu'il y aura en nous un souffle de vie, ne souffrons pas qu'elle devienne la proie des faux dieux. Soyons Athéniens jusqu'au bout, jusqu'au manteau de pourpre inclusivement. Chantons Aspasie et versons à boire aux philosophes ; le monde est fait pour périr par la philosophie. Monsieur, je vous accorde la main de ma fille.

Ayant dit, le duc se leva, majestueux comme si le cordon rouge eût encore sillonné sa poitrine.

C'était bien évidemment la première fois que de pareilles phrases retentissaient dans un égout, et que la rhétorique faisait invasion sous les pavés du quartier Mouffetard.

Aussi ne cherchai-je pas à expliquer l'effet hallucinant que ce discours produisit sur Emile.

Il cherchait à concilier cette méprisante sortie contre les mœurs républicaines avec ce métier dégradant et horrible.

Il crut que l'âge et les plaisirs avaient

affaibli cette tête encore si vigoureuse d'aspect.

On eût dit que le duc lisait dans la pensée d'Emile, car il ajouta :

— Vous êtes surpris de la facilité avec laquelle je couronne en ce jour votre plus chère espérance? Il est vrai que c'est le plus grand sacrifice que je puisse faire aux idées modernes. Vous n'avez pas de nom à donner à ma fille. Condé et Montmorency s'en irriteront peut-être; mais je sais que vous l'aimerez de tout votre cœur, et que par vous elle sera heureuse : cela me suffit, car je m'intéresse à cette petite. Par malheur, je n'ai, comme vous le voyez, ni le temps ni les moyens de m'occuper moi-même de son bonheur. D'ailleurs, jusqu'à présent, mes efforts pour arriver à ce but ont médiocrement réussi. Je préfère donc vous laisser ce soin.

Aimez-la deux fois, pour vous d'abord, et pour moi ensuite. Adieu.

Le duc de Noyal-Treffléan était attendri en prononçant ces derniers mots.

Il saisit sa chandelle qu'il avait laissée sur une pierre, et il dit à Émile :

— Suivez-moi.

Alors, après une marche silencieuse d'un quart d'heure, il arriva à la fontaine de la rue Clovis, dont il ouvrit la porte à l'aide du passe-partout que chaque égouttier porte sur soi.

Émile gravit les marches.

Lorsqu'il mit le pied sur la dernière :

— A quand la noce? demanda le duc avec une hésitation cachée derrière un sourire.

Le jeune homme s'arrêta.

— Trouvez-vous dans l'église de Meudon, le premier dimanche de septembre, lui dit-il.

Le duc de Noyal-Treffléan lui fit un dernier salut de la main, et disparut dans son égout...

# CHAPITRE SEPTIÈME.

VII.

> O ma vieillesse ! pardonne à ma jeunesse !
> BEAUMARCHAIS.

Le premier dimanche de septembre, l'avenue de l'église de Meudon était jonchée de fleurs et d'herbes odoriférantes. De beaux jupons rouges passaient entre les arbres, et des sons de cornemuses arrivaient à l'oreille.

Le temps était ce qu'il doit être pour un jour de dimanche et pour un jour de noces, c'est-à-dire que le soleil avait ajouté quelques rayons de plus à sa face bouffie, et qu'une légère pluie, le matin, avait essuyé les buissons poudreux.

La nature était donc parfaitement en mesure de figurer à la cérémonie qui allait avoir lieu. Elle avait ramené les plis de ses prairies comme une camériste ramène les plis de son tablier; elle tenait ses peupliers droits et ses saules en dehors; enfin elle était sous les armes.

Les cloches sonnaient à toute volée, mises en branle par un sacristain satisfait de lui-même et du vin blanc du coin.

Ces cloches célébraient la joie et le bon Dieu; elles se balançaient comme en dansant et elles faisaient ce joli tapage qui est si agréable à entendre lorsqu'on se fait la barbe devant le miroir de sa fenêtre : *Din, don, din, don, din, don !*

L'église de Meudon était une de ces naïves petites églises de campagne qui sont aux cathédrales ce que les bonnes femmes sont aux grandes dames. Elle portait son clocher comme une bonne femme porte son bonnet.

Un architecte ne lui avait pas pris mesure de robe brodée, chamarrée de hiboux et de dégueuleux fantasques.

Elle mettait son orgueil dans la blancheur de son plâtre, dans le bois verni de sa grande porte, et dans sa croix de cuivre étincelante.

C'était une heureuse église de première communion, qui semblait attendre une kyrielle de petits jeunes gens en habit noir et les mains jointes, et une théorie de demoiselles de douze ans avec des robes de gaze et des souliers de satin.

Mais ce que l'église de Meudon attendait ce jour-là, c'était une noce. Le village le savait et s'était mis en l'air à cette occasion; car Trois-Mai était en odeur de sainteté dans le pays, et tout le monde faisait des vœux pour son bonheur.

Fermiers et fermières avaient donc revêtu leurs habits les plus éclatants, leurs vestes les plus bleues, leurs robes les plus fleuries, leurs souliers à boucles, leurs chapeaux à rubans; ils avaient mis leur montre où pendaient des breloques sonnantes, et ils faisaient le moulinet avec leur grosse canne le long des chemins.

Les marchands à bannes, qui suivent les foires, s'étaient, eux, aussi donné rendez-vous sur la place de l'église.

Les époux arrivèrent entre une heure et deux heures de l'après-midi, après messe et avant vêpres. Ils étaient accompagnés de la marquise de Perverie et de quelques voisins. C'était un cortége modeste, tranquillement heureux, marchant en causant à demi-voix.

La jeune fille s'appuyait doucement sur le bras d'Émile, les yeux rasant la terre et l'âme recueillie; la branche d'oranger consacrée ornait son front limpide, et de longs voiles blancs partis de sa tête allaient aboutir à ses pieds.

— Qu'elle est belle! murmurait-on sur son passage.

Elle se taisait, de même qu'Emile, qui n'osait la regarder, mais qui regardait à l'église.

Il était vêtu avec simplicité, sa bonne mine suppléant à la richesse et à l'élégance qui lui manquait. Pour lui, ce jour dont on s'est tant moqué était réellement le plus beau jour de sa vie, et on le voyait bien sur sa figure radieuse.

La marquise de Perverie, qui plaçait sa joie dans la leur, avait fait trêve à sa mélancolie habituelle, et son regard, qui ne les quittait pas d'un seul instant, exprimait une sensibilité satisfaite qui effaçait bien des années de souffrance.

Mais celui qui était beau, qui rayonnaît, qui avait accaparé à sa boutonnière tous les rubans de la noce, celui qui contemplait les paysans de cet air triomphal qui veut dire : Hein?... celui qui faisait l'empressé et soufflait de tous ses poumons, c'était le majordome Turpin, c'était le précepteur philosophique d'Émile.

Il remplissait à lui seul toute l'avenue de l'église par ses écarts de poitrine et par la largeur de ses enjambées.

Les petits enfants et les villageoises innocentes le prenaient pour le mari.

La noce fit son entrée dans l'église, qui était pleine aux trois quarts; et, précédée du suisse, qui avait tiré du grenier un vieux chapeau galonné et qui faisait résonner sa pique sur chaque dalle, elle alla se ranger devant l'autel, paré comme les autels de campagne et doré à outrance.

Au-dessus du tabernacle, une vierge couronnée de roses étalait la splendeur de sa robe d'or, large comme une robe à paniers et ronde comme un cercle à barrique.

Elle tenait entre ses bras l'enfant divin, que l'on avait affublé d'une tunique d'azur, et dans les mains duquel on avait placé un laurier vert.

A droite et à gauche se dressaient des cierges plus jaunes que des vieilles filles et reposant dans des chandeliers d'argent.

Au-dessous, une rangée de pots de fleurs véritables, dus chaque semaine à la dévotion des fidèles. Puis, la sainte nappe, éblouissante et brodée, table frugale où les plus célestes délices sont offertes sous la plus humaine des allégories.

Les deux jeunes gens allèrent s'agenouiller à dix pas de l'hôtel. Le curé qui bénit leur union était un vieillard à cheveux blancs, dont un bon sourire animait la physionomie évangélique; il leur fit un de ces petits sermons qu'on aime à se rappeler plus tard, et où il leur vanta les charmes d'une vie reposée et cachée.

Ensuite, Emile et Trois-Mai traversèrent l'église pour se rendre à la sacristie.

Une table ronde était au milieu. Quelques tableaux de piété décoraient les murailles, où une suave odeur d'encens semblait s'être imprégnée.

Deux enfants de chœur en barrette rouge et en petits bas rouges les avaient suivis ; ils furent presque immédiatement rejoints par le curé de Meudon.

Emile et Trois-Mai, debout l'un et l'autre, écoutaient leur cœur palpiter.

C'était là que les attendait l'événement le plus important de leur vie.

Car au milieu du bonheur qui remplissait leur âme, disons-le, il se glissait néanmoins un regret et un désir.

L'un et l'autre étaient sans famille ou à peu près ; ils se mariaient comme des enfants perdus, sous l'œil de Dieu seulement ; leur bonheur ne se déversait ni sur un père ni sur une mère ; il fallait qu'ils le renfermassent en eux comme des égoïstes. C'était ce qui faisait leur peine, peine non avouée, mais ressentie mutuellement.

Avant la signature, le curé demanda, comme cela se pratique, les noms des deux époux.

La jeune fille murmura :

— Trois-Mai..,

La dernière syllabe de ce nom expirait à peine sur ses lèvres, qu'une voix retentissante s'éleva derrière elle et prononça :

— Trois-Mai de Noyal-Treffléan !

Tout le monde se retourna, et l'on aperçut le duc, vêtu avec dignité.

Il ouvrit les bras à sa fille, qui s'y jeta en pleurant de bonheur...

Alors on vit cet étrange spectacle du

duc de Noyal-Treffléan ému jusqu'au silence et jusqu'au frémissement.

La marquise de Perverie en sentit fondre presque toute sa haine, et ses regards purent se lever sur cet homme si grandiosement coupable.

Tous les spectateurs étaient attendris.

Il n'y en avait qu'un, un seul, dont le visage était demeuré triste et dont l'âme était demeurée sombre ; un seul qui ne partageât pas l'allégresse générale.

On a deviné que c'était Emile.

Il regardait ce tableau d'un œil humecté de larmes amères, car il trouvait Trois-Mai bien heureuse et il l'enviait autant qu'on peut envier quelqu'un que l'on aime.

Cette impression fut si vive qu'il fut obligé de s'appuyer à la table pour ne pas chanceler.

Personne ne s'en aperçut; on l'avait oublié tout à fait.

Le premier moment donné à l'effusion filiale, la cérémonie reprit son cours, au milieu de l'attention distraite.

— Votre nom? demanda le curé à Émile.

Il n'entendit pas d'abord, et le curé fut obligé de répéter sa question.

Alors Trois-Mai s'aperçut seulement de la pâleur de son amant, et elle courut à lui en lui tendant la main.

— Emile, répondit-il bien bas.

— Père et mère ?...

Le curé allait ajouter : inconnus, mais une voix s'éleva derrière Emile, comme une voix s'était élevée tout à l'heure derrière Trois-Mai, et prononça :

— JEAN-JACQUES ROUSSEAU ET THÉRÈSE LEVASSEUR !

Un cri partit de la poitrine du jeune homme.

Il vit une bonne vieille femme appuyée sur le bras d'un vieillard aussi âgé qu'elle, mais de haute taille et maigre à faire l'ornement d'un cabinet de dissection.

A sa perruque un peu de travers, à son sourire effaré et à sa haute canne, Emile ne put méconnaître le bienfaiteur de son enfance, le docteur Palmézeaux.

Mais cette femme? cette femme?

Le bon docteur lut dans les regards

d'Emile, car il lui dit ce seul mot :

— Ta mère !

Cette fois, l'émotion des assistants atteignit un degré imposant de solennité, et un silence plein de respect se fit autour de ces deux reconnaissances.

Emile n'avait plus sa tête à lui, et les yeux hagards, les traits bouleversés, il balbutiait :

— Fils de Jean-Jacques Rousseau...

moi... cela se peut-il ?... Répétez-le-moi bien, ma mère ! ma mère ! ma mère !

La vieille Thérèse Levasseur le regardait avec tendresse et promenait sur lui ses mains tremblantes. Elle lui écarta les cheveux, et posant le doigt à l'endroit de cette cicatrice singulière qui formait sur son front un accent circonflexe :

—La blessure... dit-elle, voilà la blessure !

Et lui passant son bras autour du cou :

— Oui, tu es bien mon fils, tu es le fils de Rousseau, le dernier et le plus pleuré. Voilà bien le visage de ton père, cet air d'inquiétude et de grandeur. Oui, tu es Rousseau, tu es mon fils !

Thérèse se tourna vers le docteur :

— Examinez-le donc, docteur Palmézeaux ; est-ce que cet enfant ne porte pas son extrait de baptême dans les yeux? Il demande s'il est bien le fils de Rousseau. Mais il n'a donc jamais vu nulle part le portrait de mon mari? Tiens, regarde, enfant.

Elle fouilla dans la poche de sa robe et en tira une petite miniature qu'elle lui mit sous les yeux.

Le jeune homme considéra en silence ce médaillon, qui avait été fait dans l'âge mur de l'auteur de la *Nouvelle Héloïse*; et, tout en le considérant, sa figure prenaît une expression grave et tendre. Au milieu du silence qui l'environnait, il posa lentement ses lèvres sur la peinture et dit :

— O mon père ! vous qui, dans votre vie n'avez voulu ni de mon amour ni de mon respect, en voudrez-vous au moins après votre mort ? Souffrez que le culte pieux d'un fils descende dans votre tombeau et que je m'agenouille auprès de votre mémoire illustre. Je n'importunerai pas vos cendres de mes regrets; je n'élèverai pas vers vous un reproche injurieux. Vous avez fait votre volonté, mon père ; votre volonté soit bénie ! Ce n'est pas à moi, chétif, de chercher à sonder les mystères de votre immense intelligence. Peut-être le détachement de toutes les tendresses, comme le détachement de tous les biens, est-il une nécessité, une condition même du génie. Si mon abandon vous a fait faire un pas de plus vers la lumière, je remercie le ciel de mon abandon.

J'ai bien souffert, c'est vrai, mais si mes souffrances ont été utiles et nécessaires, je les offre à Dieu qui voit votre gloire et qui voit mon obscurité. N'est-ce pas déjà beaucoup pour moi de savoir que je vous dois le jour et que c'est votre sang qui coule dans mes veines? Quel autre patrimoine pouvais-je ambitionner, plus noble, plus magnifique et plus grand que celui-là?

Fils de Rousseau!

Je peux marcher la tête triste, mais haute, dans tous les cas. N'attendez donc de moi, mon père, ni plaintes, ni récriminations; au contraire ; je mêlerai ma faible voix aux voix de toutes les mères qui vous bénissent, de tous les enfants qui célèbrent vos louanges.

Car vous êtes grand, mon père, et vous fûtes bon. Et dans votre existence, toute consacrée au triomphe des idées justes et saintes, vous n'avez pas oublié entièrement vos enfants, car vous les compreniez dans le bonheur universel que votre pensée rêvait pour l'humanité !

Emile imprima une seconde fois ses lèvres sur le portrait de Jean-Jacques

Rousseau, et ensuite il le rendit à sa mère.

Ces paroles, prononcées d'un accent ému et vibrant, avaient fait couler des larmes de tous les yeux.

Chacun admirait ce noble jeune homme pardonnant à son père dénaturé et cherchant une sublime excuse à une inexcusble infamie.

Dans ce moment-là, en effet, Emile

était beau, il était grand, il était chrétien !

Nous ne nous appesantirons pas davantage sur les détails de cette scène.

La cérémonie s'acheva enfin, et les deux jeunes époux purent signer avec orgueil, l'un *Emile Rousseau* et l'autre *Trois-Mat de Noyal-Trefflean*, en attendant la prochaine légitimation de leur naissance.

trois heures lorsqu'ils sortirent

de l'église de Meudon par la porte de la sacristie.

Néanmoins, ils ne purent se dérober à l'empressement des villageois, parmi lesquels s'était répandue la nouvelle de ces événements presque miraculeux.

Les chapeaux furent agités, le tambour battit aux champs et les cris de *Vive la mariée! Vive la mariée!* retentirent mille fois dans les airs, mêlée aux détonations de quelques boîtes d'artifice.

Tout en marchant, Thérèse expliqua à Emile comment, depuis 1789, elle ne l'avait presque jamais perdu complétement de vue.

C'était d'elle qu'il tenait ce papier et ces cinquante écus que lui avait remis son hôtelier le lendemain de la prise de la Bastille.

Si elle ne s'était pas fait connaître plus tôt à lui, c'est que la pauvre femme avait peur de l'ombre de Jean-Jacques; et puis lorsque l'on n'a pas bercé l'enfance de son fils, on redoute de se présenter à ses regards; on se demande quel droit on a de venir lui demander son amour : la honte empêche les mouvements du cœur.

C'est ce qui était arrivé pour Thérèse Levasseur.

Elle s'était contentée de veiller de loin sur son enfant, sans oser venir lui dire :

— Je suis ta mère!

Dans la crainte qu'il ne lui répondit :

—Je ne vous crois pas!

Il fallut la nouvelle du mariage d'Emile pour qu'elle se décidât à le reconnaître.

Sur ces entrefaites, Thérèse avait fait la rencontre de son ancien accoucheur, du docteur Palmézeaux.

Il connaissait Emile, lui aussi, car il

avait surpris Jean-Jacques consommant son odieux abandon sur la place du Parvis-Notre-Dame, et il avait servi de père à l'enfant exposé jusqu'à sa sortie de l'hospice.

Son témoignage était donc irrécusable; et, grâce à lui, grâce à Thérèse, notre héros allait enfin retrouver une famille.

Il regardait sa mère plutôt qu'il ne l'écoutait.

Elle était bien vieille, la Thérèse; elle marchait courbée et tremblante.

Toute lueur s'était éteinte dans son œil gris.

Bien qu'elle jouît de quatre pensions sur le gouvernement, elle était habillée avec une simplicité qui ressemblait trop à l'indigence pour qu'on ne s'y méprit point.

Et cependant, à l'occasion du mariage de son fils, Thérèse avait cru faire merveille en tirant de ses coffres une robe qui avait été rose, puis jaune, puis blanche, et qui n'était d'aucune couleur maintenant.

# CHAPITRE HUITIÈME.

## VIII.

*(Suite).*

O ma vieillesse ! pardonne à ma jeunesse !
BEAUMARCHAIS.

Le repas de noces eut lieu sous une treille, au bord de la Seine.

Trois-Mai, à côté du duc de Noyal-

Treffléan, Emile à côté de Thérèse, la marquise de Perverie entre le docteur Palmézeaux et deux ou trois invités, gentilshommes campagnards; tel était le coup-d'œil de la table.

Turpin n'avait voulu céder à aucun l'honneur de servir, et il avait préparé pour cette fête un plat nouveau de sa composition qu'il appelait du miroton aux noisettes.

Un temps magnifique se prêta à la circonstance; la chaleur était tempérée par les brises venues de la rivière.

Le repas fut d'abord grave et silencieux. Trop d'agitations s'étaient succédées en peu d'instants dans les esprits.

Mais au bout d'une demi-heure, la glace rompit et la conversation s'élança, enjouée et rebondissante, comme la balle d'un jeu de paume.

Le duc de Noyal-Treffléan en prit sa

bonne part et devint peu à peu jovial comme un menuisier qui a quitté sa veste.

Il se contint assez cependant pour ne pas chanter de chanson au dessert.

Mais, du coin de l'œil il regardait Thérèse Levasseur, qui s'animait de son côté, et qui souriait, et qui remuait la tête, et qui trempait souvent dans son verre ses lèvres flétries.

On sait quel était le vice dominant de

la femme de Rousseau, et mon premier livre l'a montrée cachant des bouteilles de liqueur sous son oreiller.

Jusqu'à la fin de ses jours, elle conserva ce goût funeste.

C'est pourquoi le duc de Noyal-Treffléan la regardait avec ce malin contentement du démon qui trouve une âme damnée là où il ne comptait trouver que des âmes saintes.

Il est vrai que lui aussi, Emile, avait

l'œil sur sa mère. Il s'affligeait secrètement et cherchait un moyen pour l'empêcher de boire.

Il crut l'avoir trouvé.

Au moment où Thérèse avançait la main pour saisir une bouteille qui était à sa portée, Emile porta mélancoliquement le doigt à son front, en montrant la cicatrice.

A ce signe qui lui rappelait un épisode

honteux, Thérèse abandonna la bouteille...

Cette scène rapide, réprimande touchante d'un fils à sa mère, n'avait été vue de personne.

Une autre version générale et malheureusement trop répandue est que la veuve de Jean-Jacques a convolé à de secondes noces avec un valet de chambre ou palefrenier de M. Girardin.

Rien ne prouve cependant qu'elle ait épousé ce valet de chambre; bien au contraire, Thérèse et lui étaient déjà très-âgés lorsqu'ils firent connaissance, et cette connaissance n'eut lieu qu'après la mort de Jean-Jacques Rousseau.

Une lettre du maire du Plessis-Belleville, où Thérèse Levasseur est décédée, affirme positivement qu'elle ne s'est jamais remariée.

Le mémoire de cette femme n'est déjà pas tellement entourée d'estime, qu'il faille encore l'accuser d'une faute pour le moins douteuse.

Ne voyant plus Thérèse en état de lui tenir tête, le duc de Noyal-Treffléan essaya de se rejeter sur le bonhomme Palmézeaux.

Mais comme tous les vieux savants, le docteur avait ses idées arrêtées sur l'hygiène, et il repoussa constamment toutes les rasades offertes par le duc, qui regretta sincèrement de n'avoir pas amené un égoutier de ses camarades, afin de pouvoir boire avec lui tout à son aise.

Cela jeta un nuage sur sa satisfaction.

Aussi quand le festin fut terminé, et quand il se retrouva seul avec les jeunes mariés, il leur dit :

— Adieu, mes enfants... à présent que vous voilà heureux, je vous quitte...

Emile et Trois-Mai voulurent se récrier.

— Non, reprit le duc en souriant, c'est inutile; il ne faut pas que je reste plus longtemps. Vous me gâteriez et je finirais peut-être par devenir vertueux.

Laissez-moi donc partir.

La nuit n'était pas tout-à-fait venue, il régnait dans l'air une fraîcheur et une suavité sans pareilles.

Ces trois personnes marchaient dans une allée touffue.

Trois-Mai et Emile, livrés à leurs réflexions, baissaient la tête.

On entendait le bruit des violons qui s'accordaient là-bas pour la danse.

— Vivez long-temps, dit le duc de Noyal-Treffléan ; aimez-vous bien. Moi, je suis ma destinée... je retourne à Paris.

— Mon père! s'écria Trois-Mai en pleurant.

— Oh! sois tranquille, continua le duc, je viendrai vous voir... quelquefois... Ce n'est pas un adieu éternel que je vous dis.

Mais je ne veux pas troubler votre bonheur par ma présence. Vous m'avez fait passer une journée dont j'emporte le souvenir.

Adieu, mes enfants. Pensez à moi de loin en loin. Adieu...

Les arbres agités par un vent délicieux secouaient leurs branches embaumés sur leurs têtes.

Neuf heures sonnaient à l'église de Meudon.

Le duc de Noyal-Treffléan se détacha des bras de Trois-Mai, qui cherchait doucement à le retenir, et l'embrassant au front :

— Adieu ! dit-il encore.

Il gagna la campagne.

Et, pendant cinq minutes, Emile et Trois-Mai purent le suivre des yeux.

# ÉPILOGUE.

C'était en 1819.

L'Europe commençait à se remettre de ses secousses; Paris et la France, agités si longtemps par les turbulences gigantesques de l'empereur, essayaient de se rendormir du sommeil des Bourbons.

On s'amusait paisiblement au jeu de *vive le roi ! vive notre père !* et l'on fêtait la Saint-Louis dans les théâtres et dans les promenades publiques.

Par un beau matin de cette année-là, une vingtaine de badauds, rassemblés sur la place du Musée, paraissent prendre un intérêt fort grand aux lazzis d'un paillasse.

On sait que la place du Musée a, de tout temps, été le refuge et l'école des saltimbanques.

Du cabaret de Besacier, faisant le coin de l'ancienne rue Froidmanteau, se sont élancés les plus célèbres joueurs de gobelets, physiciens, tireurs de cartes et vendeurs d'élixirs.

Des paradistes immortels ont commencé et fini sur la place du Musée, tels que M. Charles, le dernier Bobêche de Tivoli; tout le répertoire si amusant des

Galimafré se retrouve encore à peu près intact dans cet endroit consacré.

Absentez-vous un demi-siècle et revenez : vous êtes certain de retrouver sur pied la même plaisanterie débitée souvent par le même bouffon :

« J'entrai dans un café, et je vis une belle demoiselle de vingt ans assise à un comptoir d'acajou. »

Le paillasse qui avait, ce jour-là, le

privilége d'exciter le rire des assistants était un de ces jeunes garçons dont une précocité vicieuse a depuis longtemps effacé l'âge sur les traits.

Il louchait avec fureur et était plus ravagé de petite vérole qu'une écumoire.

Son costume se composait de la veste rouge, de la culotte jaune et des bas chinés.

Voici le dialogue qu'il était en train

de débiter avec son maître, un vieux diseur de bonne aventure, magnifique de sérieux et drapé dans un carrick à sept collets :

— Monsieur, je viens vous demander mon congé.

— Pourquoi donc cela, mon garçon ? Est-ce que tu n'es pas content de moi ?

— Oh ! si fait, notre maître, vous êtes

tout ce qu'il y a de plus brave dans les ganaches.

— Comment, malhonnête ! c'est comme cela que tu me parles ?

— Ne vous fâchez pas, notre maître, j'ai cru vous faire un compliment.

— Il est joli le compliment. Mais, voyons, est-ce la table que tu ne trouves pas assez somptueuse ?

— La table ? c'est un beau morceau !

tout plein cœur de chêne ; c'est dommage qu'il n'y ait rien dessus.

— Ah ! coquin ! tu fais l'impertinent, je crois. Je vais te châtier de la bonne manière.

— Tant il y a, monsieur, que je vous quitte.

— Décidément ?

— Oui, monsieur.

— Et que vas-tu faire ?

— Monsieur, c'est que je vas me marier en mariage; tout comme je vous le dis.

— Ah ! comment s'appelle ta future ?

— Ma friture ?

— Ta future, celle que tu vas prendre pour femme.

— Monsieur, elle s'appelle Margot, sauf votre respect.

— Margot, dis-tu ; c'est un fort beau nom.

Et ta future appartient-elle à une famille honnête ?

— Certainement, ses parents ne disent de sottises à personne.

— Imbécile ! ce n'est pas là ce que je

te demande. Sont-ces des gens comme il faut?

— Il n'y a ni bossus ni tortus dans sa famille.

— Tu ne m'entends pas. Sont-ce des gens, là... je ne sais comment t'expliquer cela... des gens en dignité?

— Ah! oui, oui. Son père est d'une position extrêmement élevée.

— Bon !

— Il est couvreur.

Et la foule de rire en se tenant les côtes.

Le maître haussait les épaules et prenait du tabac avec lenteur.

Quand cette petite scène, en forme de prologue, fut terminée, le maître passa à d'autres exercices et distribua plusieurs cartes à cinq ou six personnes de l'assemblée.

— Valet de trèfle? demanda-t-il.

Le valet de trèfle s'avança d'un air timide.

C'était un jeune militaire, béat et rose.

Le vieux diseur de bonne aventure,

après l'avoir regardé d'un œil perçant, marmotta à son oreille les paroles suivantes, tout en maniant le jeu de cartes :

— Contrariétés suivies d'un grand bonheur qui vous viendra d'un homme brun qui veille sur vous depuis longtemps...

Dix de carreau ; c'est une grande route ; vous voyagerez...

Dame de cœur : une femme blonde

que vous aimez et dont vous allez avoir bientôt des nouvelles...

Méfiez-vous... voici une assemblée d'hommes.... elle aura lieu le soir.... quelqu'un prend chaudement vos intérêts... argent... encore argent...

Coupez de la main gauche. Bien.

Le valet de trèfle a les jambes en l'air; c'est mauvais signe...une affaire qui vous préoccupe est sur le point de mal tourner.

Encore une nouvelle...

Quel âge avez-vous?

— Vingt-trois ans, dit le jeune guerrier tout palpitant d'émotion.

— Dans trois jours, votre sort changera...

As de pique et neuf de trèfle...

Coupez encore de la main gauche...

Grand bonheur... Vous vous marierez plus tôt que vous ne pensez...

Quel est le quantième aujourd'hui? le 6 novembre.

Souvenez-vous que c'est un homme

de quatre-vingt-onze ans qui vous parle...
Voilà...

Remettez votre schako maintenant.

C'est deux sous !

— Encore ? murmura le militaire ; je vous en ai donné deux avant de commencer.

— Donnez toujours, enfant de Mars.

L'enfant de Mars s'exécuta et tira de sa poche, avec des efforts inouïs, une seconde pièce de deux sous enveloppée dans du papier.

Le vieux bonhomme examina de nouveau son jeu et appela le roi de carreau, puis la dame de pique.

Plusieurs innocents se succédèrent de la sorte, et au bout d'une demi-heure la recette s'était élevée à vingt-quatre sous.

Alors il ferma sa table pliante, la mit sous son bras et entra chez le marchand de vin.

Ce tireur de cartes était le duc de Noyal-Treffléan.

Peut-être existe-t-il encore.

FIN DES CHEMISES ROUGES.

Imprimerie Worms et Cie à Argenteuil.
Bureaux rue Sainte-Anne, 63, à Paris.

# LES ROSES

## DE FRAGONARD.

LA FILLE DE CAZOTTE.

# CHAPITRE PREMIER.

## I.

Les Roses de Fragonard.

En ce temps-là il y avait, dans un des appartements les plus tristes de Paris, — rue Gît-le-Cœur, s'il m'en souvient, — un bonhomme de soixante ans qui s'appelait Nicolas Fragonard et qui avait été jadis un peintre à la mode, comme Boucher, son maître. Il avait vu poser devant lui, et dans le jour qui lui séyait le mieux, c'est-à-dire aux bougies, toute la France galante, depuis la France de l'Opéra jusqu'à la France de Trianon les deux confins de la galanterie suprême.

Il avait été peintre de sourires exclusivement, — peintre de S. M. la Grâce, *plus belle encore que la beauté,* selon le dire du poète; et il avait fait courir tout le long, le long, le long des boudoirs ces guirlandes de petits amours vêtus à la mode de l'Olympe, qui gèlent et s'écaillent aujourd'hui dans les vitrines du quai Voltaire. Il est vrai qu'alors Nicolas Fragonard était jeune et joyeux; c'était surtout un garçon de bonne mine, portant le tafetas rose comme les Léandre de la Comédie-Italienne, plus galant que le dernier numéro des *Veillées d'Apollon*, baisant le bout des doigts à la façon des abbés poupins et pirouettant comme un militaire de paravent.

Pendant trente ans et plus, Fragonard vécut de cette vie brillante et douce que le règne de Louis XV faisait à tous les artistes mondains. Il fut un grand peintre aussi lui, dans le sens que le dix-huitième siècle attachait à ce mot, grand peintre à la manière de Baudouin, de Lancret, de Watteau, enchanteurs des ruelles, qui ne regardaient ni aux rubans ni aux fleurs lorsqu'il s'agissait de costumer la Vérité, — pléiade ravissante, que l'on pourrait appeler les *mignons de l'Art*.

Que n'a-t-il pas dépensé de charme et d'esprit dans ce chemin de la faveur qu'il parcourut d'un pied si léger ! Combien de chefs-d'œuvre naquirent sous ce pinceau, fait sans doute de quelques

brins arrachés aux ailes de Cupidon !
Tous les amateurs connaissent le *Chiffre
d'amour*, le *Sacrifice de la rose*, la *Fontaine*, sujets tendres, qui font à peine rêver, qui font toujours sourire. Fragonard inventait cela, j'imagine, dans les soupers galants où on le conviait ; et les allégories lui étaient fournies par ces Claudines d'hier, métamorphosées en Eliantes du jour par un coup de la baguette dorée de quelques fermiers-généraux.

Fragonard vit de la sorte arriver chez lui la gloire et la richesse, ces deux courtisanes qui s'éprennent si rarement du même homme.

Il vécut avec elles en bonne intelligence jusqu'au jour néfaste où la Révolution vint faire la part mauvaise à tous ceux qui vivaient de poésie peinte ou écrite, sculptée ou chantée.

La Révolution les fit remonter, ceux-là, dans les mansardes d'où ils étaient descendus, en leur disant :

— On n'a que faire de vous maintenant ; voici venir le temps des choses politiques ; restez-là.

Imprudent comme tous les beaux-fils prodigues, le peintre n'écouta pas la Révolution. Il crut que les Nymphes et les Jeux étaient éternels en France, à Paris, sous ce ciel d'un blanc de poudre en été, dans ces hôtels gardés par de si beaux suisses à galons, dans ces cercles où le tournebroche de l'esprit était incessamment monté, dans ces bosquets toujours remplis d'amants, dans ces théâtres toujours remplis d'oisifs. Il crut à l'immortalité du luxe et de l'art, son compère.

Que dire enfin? Il crut aussi un peu à lui-même et à son talent; c'était une faiblesse bien pardonnable chez un homme qui avait été aussi longtemps à la mode que Fragonard.

Il continua donc à jeter de tous les côtés ces petits tableaux coquets, ces dessins lavés au bistre, ces scènes d'enchanteresse perdition où l'amour joue le principal rôle; — amour qui badine et par qui on se laisse badiner, flamme d'un quart d'heure qui s'éteindra au bout de cette svelte allée de peupliers, soupirs qui voltigent sur les lèvres à la façon des papillons, jeux de l'esprit et du cœur.

O Fragonard? cette fois on passa auprès de vos petits chefs-d'œuvre, non-seulement sans les voir, mais même sans vouloir les voir.

Il s'obstina pourtant. Lorsque le peuple tirait le canon contre les invalides de la Bastille. Fragonard encadrait un *aveu* dans un boudoir lilas, le dernier boudoir de ce temps.

Lorsque le peuple massacrait les gardes-du-corps de Versailles, aux journées des 5 et 6 octobre, Fragonard chiffonnait la houppelande azurée d'un Tircis, dansant sur l'herbe au son d'un fluet tambourin. Lutte courageuse, mais désespérée! car nul ne pensait plus à Fragonard. Son monde de marquises et de petits-maîtres, à présent tremblant et retiré, n'avait plus le cœur aux fantaisies galantes de son pinceau. Les danseuses? Elles étaient passées des bras de la noblesse aux bras du tiers-état, qui n'entendait que bien peu de choses aux élégances.

Fragonard avait donc l'air de revenir du déluge avec ses tableaux d'un autre âge; peu s'en fallut même qu'on ne le traitât de contre-révolutionnaire.

Il se résigna, à la fin; et quand il se vit bien et dûment oublié, il laissa de côté sa palette, comme font toutes les renommées chagrines qui ne peuvent travailler qu'aux lueurs du triomphe. Là-dessus, la Révolution, — qui n'a rien fait à demi, — lui prit sa fortune comme elle lui avait pris sa gloire! Au lieu de résister et de se faire emprisonner pour la peine, il se retira, désolé et bourru, au milieu de quelques-uns de ses tableaux, dont il se créa une compagnie, la seule qu'il pût supporter.

Ce fut ainsi que l'année 1927 surprit le vieux Fragonard dans une maison refrognée de la rue Gît-le-Cœur, où il se laissait aller solitairement à la mort et à l'oubli.

— S'ils savaient seulement s'habiller ! disait-il quelquefois, les jours qu'il se hasardait à mettre les yeux à sa fenêtre; mais ils ont perdu le grand secret de l'ajustement.

Plus de soie, plus de brocart. Ils ont des chapeaux américains, des lévites de drap sombre, des souliers sans rouge au talon. A peine si quelques-uns se font poudrer encore. Les autres vont les cheveux plats et sales.

Et le peuple? Ah! le peuple! qui me rendra mes petites grisettes montées sur des mules hautes de six pouces, et le corsage fleuri comme une corbeille? Qu'elles étaient jolies, et comme cela valait la peine alors d'être peintre.

Fragonard se lamentait de la sorte ou à peu près, lorsque le 16 août, au matin, il contemplait avec tristesse une très-jolie gravure faite d'après son tableau du *Serment d'amour*, il entendit frapper à sa porte d'un doigt timide. Il y avait bien longtemps que l'on n'avait frappé a nsi à la porte de Fragonard.

Le vieux peintre sentit aux battements de son cœur que tout n'était pas complètement mort en lui.

Il alla ouvrir et vit entrer une jeune personne de seize à dix-sept ans environ ; une ample jupe en mousseline blanche, un mantelet noir, attaché par un nœud de rubans bleus, un autre nœud semblable dans ses cheveux. composaient toute sa parure.

Elle était suivie d'une négresse coiffée d'un madras.

— Monsieur Fragonard ? demanda la

jeune fille, qui parut un peu surprise de l'aspect mélancolique de cette chambre.

— C'est moi, répondit-il, ébloui de cette apparition charmante; ou plutôt c'était moi...

Que voulez-vous à Fragonard, mon enfant, et qui êtes-vous pour vous être souvenue de ce nom, au temps où nous sommes?

a jeune fille détacha le mantelet qui couvrait ses épaules. Ainsi dégagée, sa taille parut dans toute son idéale perfection. Son teint jetait de la lumière, et sa figure, d'un bel ovale, avait une expression ardente et douce à la fois.

— Je suis la fille de Cazotte, dit-elle, et je désire que vous fassiez mon portrait.

# CHAPITRE DEUXIÈME.

## II.

La fille de Cazotte.

Fragonard se ressouvint.

Dans les spirituelles compagnies d'autrefois, il lui était arrivé souvent de rencontrer le fantasque auteur du *Diable amoureux*, cet enjoué Cazotte, dont le mérite n'est pas apprécié suffisamment. Il avait causé plusieurs fois avec lui, sur le coin de la cheminée, à l'heure où le poétique rêveur se plaisait à écarter de la meilleure foi du monde un pan du voile de l'avenir. Cela avait suffit pour établir entre eux une liaison, frivole sans doute, mais toutefois durable dans sa frivolité.

Fragonard ne pensait jamais à Cazotte sans ressentir un petit frisson; cela venait de quelques prédictions singulières que l'illuminé des salons avait faite au peintre des boudoirs — tout en le regardant de ce grand œil, bleu et ouvert, qui était bien l'œil d'un illuminé, en effet.

Mais Fragonard ne connaissait pas la fille de Cazotte. En la voyant entrer dans sa pauvre cellule, il avait tenté de la prendre tout d'abord pour le sceptre adoré de madame de Pompadour à quinze ans. Il la fit asseoir, et lui dit d'un accent ému:

— Soyez bien venue, vous, la fête de mes pauvres yeux; soyez bien venue, vous qui me rapportez l'éclat et la suavité d'un temps que je pleure tous les jours avec égoïsme.

Ah ! mademoiselle Cazotte, je ne vous attendais pas ! Je croyais toute espérance ensevelie pour moi. Savez-vous que voilà deux années que je vis dans cette solitude de la rue Git-le-Cœur, la rue bien nommée !

Soyez bénie, vous qui me revenez avec mes rubans bleus sur votre tête, avec mes roses sur vos joues, avec mes paillettes dans votre regard, avec tout mon bonheur et toute ma renommée ! Vous êtes la muse de Fragonard autant que la fille de Cazotte !

Il pleurait de joie en disant cela, et comme elle lui rappela qu'elle était venue pour son portrait :

— Votre portrait? ajouta-t-il, mais ne l'ai-je pas déjà fait cent fois ! ne le voilà-t-il pas là et là, puis encore là (il montrait ses toiles accrochées au mur) : ici Colinette et plus loin Cydalise ; ici Hébé et à côté Léda? N'êtes-vous pas l'idéal que j'ai toujours poursuivi et quelquefois atteint? Pourquoi voulez-vous que je fasse votre portrait? le voilà tout fait, emportez-le, jamais je n'ai fait mieux.

Et Fragonard, monté sur une chaise, atteignait un merveilleux petit tableau où une jeune fille était représentée attachant un billet doux au cou d'un *chien fidèle*.

Mademoiselle Cazotte, souriant de son délire, essaya de lui faire comprendre qu'elle désirait être peinte dans une attitude plus conforme à ses projets, car c'était à son père qu'elle destinait ce portrait, à son père de qui les événements politiques pouvaient un jour la séparer. Fragonard comprit enfin. Mais alors son front s'assombrit et il secoua douloureusement la tête.

— Hélas! je ne sais plus peindre, murmura-t-il; c'est une mauvaise vie pour un homme d'inspiration gracieuse et légère que cette vie de guerre civile, allez! Toujours la fusillade qui vient ébranler les vitres de vos fenêtres! toujours les fureurs de la multitude! Encore ces jours-ci, n'ai-je pas eu la tête brisée par l'écho des mitraillades de la place du Carrousel? Il y a bien longtemps, ma chère demoiselle, que j'ai oublié mon métier ; avec l'âge et avec la révolution, ma main est devenue tremblante comme mon cœur. Je ne suis plus peintre.

— Monsieur Fragonard... dit la jeune fille en insistant avec un sourire.

— Vous le voulez donc bien?

— C'est pour mon père.

— Eh bien ! répond-il avec effort, revenez demain ; nous essaierons.

Le lendemain, la fille de Cazotte revint dans l'atelier de Fragonard. Il a va acheté une toile de petite dimension sur laquelle il commença à tracer ses premières lignes. Mais tout en jetant les yeux sur son adorable modèle, il s'aperçut que peu à peu ce visage, d'une expression si brillante, s'obscurcissait sous l'empire d'un inquiétude secrète, que ce front limpide s'altérait graduellement, que ce regard radieux se couvrait d'un voile humide.

Fragonard, surpris, lui demanda avec une sollicitude que son âge autorisa d'où venait cette préoccupation chagrine.

Mademoiselle Cazotte lui apprit que

son père était compromis dans les événements du 10 août et que sa correspondance tout entière avait été découverte dans les papiers du secrétaire de l'intendant de la liste-civile. Heureusement que Cazotte était en ce moment éloigné de Paris : il habitait auprès d'Epernay un petit village dont il était le maire; peut-être y démeurerait-il inaperçu et à l'abri des perquisitions.

— Aussitôt mon portrait achevé, dit-elle, ma mère et moi, ainsi que la bonne négresse qui nous a accompagnées, nous retournerons le rejoindre, car il doit être bien inquiet!

Fragonard l'avait écoutée avec attention, et en frémissant. Il savait que l'orage révolutionnaire franchirait les provinces, et il craignait que la justice du peuple ne regardât pas aux cheveux blancs avant de s'abattre sur une tête proscrite. Néanmoins, il se garda bien de communiquer ses craintes à la jeune fille; il essaya, au contraire, de la rassurer.

— Mais le portrait n'avança guère ce jour-là.

Il n'avança guère non plus le 18. Mademoiselle Cazotte, instruite du décret qui ordonnait la formation d'un tribunal criminel, accourut épouvantée dans la maison de la rue Gît-le-Cœur. Des pleurs coulaient sur ses joues; elle essaya de poser cependant. La même désolation opprimait Fragonard.

— Mademoiselle, disait-il, je n'ai jamais peint que la joie et le plaisir; je ne sais pas, je n'ai jamais su peindre les pleurs. De grâce, faites trêve à votre chagrin. Voulez-vous encore des roses autour de vous? j'en sèmerai autant qu'il vous plaira. Mais, par pitié! ne me faites pas peindre ces pleurs!

A travers ces souffrances partagées, le portrait s'acheva cependant. Mademoiselle Cazotte était représentée assise sous un berceau de roses. Les roses avaient toujours enivré Fragonard.

Lors de la dernière séance, mademoiselle Cazotte vint chez lui, accompagnée de sa mère, une créole qui avait été parfaitement jolie et qui l'était encore quoiqu'elle eût de grands enfants. Elle avait cette grâce négligée des femmes de la Martinique, et cet accent nonchalant d'enfance et de caresse. Quelque chose d'étranger se remarquait aussi dans ses vêtements; sa tête était entourée d'une mousseline des Indes, disposée avec un goût infini. La mère et la fille remercièrent avec effusion le vieux peintre, qui ne s'était jamais senti si ému; et, le soir même, elles reprenaient la route de la Champagne.

— Pourvu qu'elles arrivent à temps! soupira Fragonard.

Et serrant avec soin ses pinceaux dans la grande armoire, il ajouta d'un ton de voix singulier :

— Elles étaient bien rouges, les roses que j'ai amoncelées autour de cette enfant !

FIN DES ROSES DE FRAGONARD.

---
Imprimerie Worms et Cie à Argenteuil.
Bureaux rue Sainte-Anne, 63, à Paris.

www.ingramcontent.com/pod-product-compliance
Lightning Source LLC
Chambersburg PA
CBHW060511170426
43199CB00011B/1409